Cuentos para niños que se atreven a ser diferentes
Historias verdaderas de chicos asombrosos que cambiaron el mundo sin matar dragones
Título original: *Stories for Boys Who Dare to be Different*

Publicado por acuerdo con Quercus Editions Ltd, una compañía de Hachette UK.

Primera edición: noviembre de 2018
D. R. © 2018, Ben Brooks
D. R. © 2018, derechos de edición mundiales en lengua castellana: Penguin Random House Grupo Editorial, S.A. de C.V. Blvd. Miguel de Cervantes Saavedra núm. 301, 1er piso, colonia Granada, delegación Miguel Hidalgo, C.P. 11520, Ciudad de México

www.megustaleer.mx

D. R. © Arnauld, por el diseño de cubierta. D. R. © Quinton Winter, por las ilustraciones de interiores.
D. R. © Alejandra Ramos, por la traducción

ISBN: 978-607-316-936-3

CUENTOS PARA NIÑOS que se ATREVEN –A SER– DIFERENTES

HISTORIAS VERDADERAS DE CHICOS ASOMBROSOS QUE CAMBIARON EL MUNDO SIN MATAR DRAGONES

Ben Brooks

ILLUSTRADO POR QUINTON WINTER

AGUILAR

ÍNDICE

ACHMAT HASSIEM

(NACIDO EN 1982)

Una tranquila mañana de domingo en Ciudad del Cabo, Achmat y su hermano Tariq estaban con sus amigos en la playa practicando para el examen para ser guardacostas. En el examen algunas personas fingirían ahogarse y otras zarparían en un bote para salvarlas. Tariq nadó y flotó, y Achmat permaneció cerca de la costa. Ambos esperaban ser rescatados.

De pronto Achmat vio una enorme y oscura silueta que se dirigía a su hermano a toda velocidad. No estuvo seguro de lo que era hasta que vio una aleta negra salir del agua. Era un enorme tiburón.

Achmat chapoteó y gritó desesperadamente para tratar de distraerlo. Su táctica funcionó, el tiburón giró y se dirigió a él mientras el bote de rescate tiraba de Tariq para llevarlo a un lugar seguro.

Pero no hubo tiempo de que el bote llegara a Achmat. El tiburón avanzó apoyándose en su cola. Abrió la mandíbula y dejó ver las hileras y más hileras de dientes sangrientos, desiguales. Achmat trató de escapar pero no pudo moverse. Al mirar abajo descubrió que toda su pierna estaba en la boca del tiburón.

En el último instante apareció su hermano con la mano extendida y lo arrastró hasta subirlo completamente al bote.

Cuando Achmat despertó en el hospital, se deprimió porque le faltaba una pierna. Siempre le había encantado nadar y practicar deportes, y le preocupaba no hacerlo de nuevo.

Luego lo visitó Natalie du Toit, una atleta que perdió la pierna cuando tenía diecisiete años, pero llegó a ser nadadora paralímpica y a ganar medallas en tres juegos paralímpicos distintos. Natalie le dijo que debía esforzarse; tiempo después Achmat también ganó competencias en los juegos paralímpicos.

Cuando apareció caminando para la carrera final, el público coreó: "¡Chico tiburón! ¡Chico tiburón! ¡Chico tiburón!"

AI WEIWEI
(NACIDO EN 1957)

Imagínate en el interior de un salón completamente gris y tan grande como una catedral. Imagina que en el salón hay cien millones de semillas de girasol. Ahora imagina que en lugar de florecer cada una de esas semillas fue pintada por una persona.

Lo que acabas de imaginar es una de las obras más famosas del artista Ai Weiwei. Desde su perspectiva, la obra está realizada con cien millones de piezas, de la misma manera que China es un país conformado por 1300 millones de ciudadanos, y que nosotros somos una especie de 7000 millones de personas.

Ai dice que el propósito del arte es luchar por la libertad. En China, donde él nació, a veces los habitantes no tienen las mismas libertades a las que está acostumbrada la gente en otros países. Cuando Ai criticó al gobierno, por ejemplo, cerraron su blog y lo empezaron a espiar. Escuchaban sus llamadas telefónicas y lo seguían en la calle.

Luego, un terremoto mató a miles de niños en China. Para ahorrar dinero, el gobierno había construido escuelas de mala calidad que se derrumbaron cuando el suelo se sacudió, y los niños quedaron atrapados entre los escombros. Entonces Ai expresó su enojo a través del arte.

La policía lo golpeó por haberles contado la verdad a todos, y Ai hizo arte con las tomografías craneales que le hicieron en el hospital.

El artista no tenía permitido salir de casa. El gobierno incendió su estudio y lo mantuvo bajo arresto ochenta y un días. Para mostrar lo furioso que estaba con ellos, ¡se filmó rompiendo un florero chino de ochocientos años de antigüedad que valía un millón de dólares!

"Yo hablo en nombre de la gente que tiene miedo de hacerlo", dijo Ai.

¿Por qué?

"Porque todos somos diminutas semillas de girasol, pero también formamos parte de algo más importante."

ALAN L. HART

(1890-1962)

Cuando era niño, la gente conocía a Alan como Lucille. Sus padres le habían puesto ese nombre porque pensaron que era niña, pero Alan no se sentía cómodo con su cuerpo. No se sentía bien porque le parecía que estaba atrapado en el cuerpo de una chica.

"¿Me puedo cortar el cabello y ser un niño?", le preguntaba a su mamá.

Pero ella prefería no escucharlo.

Cuando iba a la escuela, lo forzaban a usar ropa de niña. En los años que pasó ahí sufrió mucho; para enfrentar su problema se enfocó totalmente en sus estudios, en especial en los de ciencias. Su esfuerzo le valió un lugar en la universidad. Ahí Alan conoció a una mujer y se enamoró de ella, pero cuando empezó a usar la ropa de chico que él prefería, su esposa lo abandonó.

Alan siguió sintiéndose incómodo y fue a ver a un psiquiatra, el doctor Gilbert. Después de hacerle muchas pruebas y preguntas, Gilbert le dijo a Alan que era transgénero. Eso significaba que el cuerpo en el que estaba no coincidía con la forma en que se sentía interiormente. En opinión del médico, Alan había nacido como chico, pero en un cuerpo de niña. Gilbert estaba convencido de que lo contrario también era posible, y que algunas niñas nacían con cuerpo de niño.

Alan sólo quería que lo aceptaran como el hombre que era y que le permitieran estudiar y practicar medicina. Por eso el doctor Gilbert lo operó. Alan fue una de las primeras personas transgénero que cambiaron su cuerpo para que coincidiera con la forma en que se sentían en su interior.

Además de estudiar medicina, Alan canalizó todas sus experiencias en las novelas que escribió y que fueron un gran éxito. Se enamoró de otra mujer, se casó con ella y vivieron felices durante treinta y siete años. En ese tiempo él realizó una labor revolucionaria con la enfermedad conocida como tuberculosis y salvó muchas vidas.

La sociedad le dificultaba la vida a la gente como Alan, pero eso nunca le impidió a él hacer todo lo que podía en favor de la sociedad.

ALAN TURING

(1912–1954)

En la Segunda Guerra Mundial los países se hablaban con códigos para evitar que sus enemigos entendieran sus mensajes. El código más importante y difícil era el que usaban los alemanes. Se llamaba "Enigma".

Gran Bretaña necesitaba descifrarlo con urgencia. De lograrlo, conocerían todos los secretos de sus enemigos, incluso sus siguientes acciones. Pero era casi imposible. Sólo había una persona que al parecer podría ayudarlos: Alan Turing.

A Alan le gustaron los números desde niño. Hasta antes de terminar la preparatoria nunca se sintió motivado, pero cuando llegó a la universidad, floreció. Ahí estudió matemática pura, y luego su peculiar forma de pensar lo impulsó a buscar formas prácticas de usar la matemática. Alan quería que la gente viviera de una manera más útil y por eso publicó un artículo que marcó el nacimiento de las computadoras modernas.

Los agentes del gobierno lo llevaron a trabajar con ellos y Alan les ayudó a descifrar el código con una máquina que él mismo construyó, a la que llamó "Bombe". Algunas personas están seguras de que al descifrar el código, Alan acortó la guerra cuatro años, esto significa que salvó millones de vidas.

En 1952 la policía escuchó rumores de que era gay, y como en aquel tiempo ser gay era un crimen, lo arrestaron.

Alan fue declarado culpable. A pesar de todo lo que había hecho por su país, le dieron a elegir entre ir a prisión o tomar unos medicamentos que supuestamente lo cambiarían. Eligió los medicamentos, pero estos sólo lo enfermaron. Sufrió tanto que finalmente decidió ingerir veneno y murió.

Pero la gente nunca lo olvidó. En 2013, sesenta y un años después, el gobierno le concedió a Alan un perdón real póstumo, y cuatro años después, en 2017, se aprobó la Ley Turing que perdonaba a todos los hombres que alguna vez fueron declarados culpables de cualquier acto relacionado con ser gay. Rachel Barnes, su sobrina, piensa que eso es formidable, pero quiere que la gente recuerde que Alan tenía muchas facetas más aparte de su sexualidad. Era una persona increíblemente inteligente y comprometida que tenía ideas modernas y ayudó a salvar incontables vidas.

ARTHUR RIMBAUD

(1854–1891)

En 1871, en las calles de París no se dejaba de hablar de un joven y deslumbrante poeta llamado Arthur Rimbaud. Arthur tenía solamente diecisiete años y de pronto apareció de la nada escribiendo poemas hermosos, graciosos y a veces repugnantes sobre la ira, la tristeza y las dificultades de crecer.

Algunos años después, la mayoría de la gente creía que Arthur había muerto.

Pero no era así, sólo había dejado de escribir porque se quedó sin casa, su novio le disparó, y se volvió tan pobre que no podía pagar los libros que él mismo había escrito. Ahora nada más quería ganar dinero y ayudar a su familia a salir de la pobreza. Dejó de escribir poesía y se fue de Francia a buscar empleo.

Arthur se unió al ejército, pero desertó cuando estaba en el sureste de Asia. Huyó hacia el oscuro y peligroso corazón de la selva y llegó hasta las secas laderas de Chipre. Ahí trabajó extrayendo piedra de una mina bajo los sofocantes rayos del sol. De Chipre viajó hasta las salvajes planicies de África para conseguir dinero vendiendo café y armas. Todo lo que ganaba lo enviaba a casa.

Finalmente, cuando la rodilla le empezó a doler tanto que ya no pudo ignorarla, volvió a Francia para ver a su madre. Los médicos le amputaron la pierna, pero ya era demasiado tarde, el cáncer se había extendido por todo su cuerpo. Arthur Rimbaud murió semanas después.

Después de su muerte, los poemas de Arthur se popularizaron en todo el mundo. Así dio inicio un movimiento poético completamente nuevo que inspiró a muchísimos pintores, músicos y escritores a expresarse de una manera libre y profunda. Arthur convirtió su dolor en palabras, y la gente las sigue leyendo hoy en día.

BALDUINO IV

(1161–1185)

Balduino tenía trece años de edad en 1174 cuando murió su padre y a él lo coronaron como rey de Jerusalén. El joven rey sufría de lepra, una enfermedad incurable que a veces causaba que los dedos de las manos y de los pies fueran más cortos porque las extremidades se infectaban y con frecuencia necesitaban ser amputadas. Sus ojos también se oscurecían hasta que ya no le era posible ver nada.

Pero el rey Balduino no permitió que eso le impidiera cabalgar con su ejército. Siempre luchó al lado de sus hombres como si tuviera la misma capacidad física que ellos.

Su mayor enemigo era un sultán llamado Saladino, quien gobernaba Egipto, pero Balduino ya estaba maquinando un plan para atacar su base en El Cairo.

El plan se vino abajo porque Balduino enfermó y muchos de sus aliados lo abandonaron.

Cuando Saladino se dio cuenta de que Jerusalén era vulnerable, aprovechó la oportunidad y envió a su ejército de 26 000 hombres para que se apoderaran de la ciudad.

Pero el joven rey Balduino no iba a permitir que eso sucediera, al menos, no sin pelear. Bajó de su cama arrastrándose y montó un caballo. Estaba tan enfermo que un escritor de aquel tiempo lo describió "medio muerto". Balduino llevaba las manos ensangrentadas y

vendadas, y casi no podía ver porque tenía los ojos inflamados y la vista nublada.

Acompañado de sólo 500 hombres, el rey soportó el malestar y fue al encuentro de Saladino. Pero cuando el sultán vio lo insignificante que era el ejército real, lo ignoró por completo y continuó cabalgando hacia Jerusalén. La gente de la ciudad estaba aterrada.

Balduino rezó.

Sus hombres tenían miedo y sabían que el ejército enemigo era más numeroso.

Pero el joven rey reunió a sus soldados y los condujo a la batalla.

De alguna manera lograron destruir totalmente a las fuerzas invasoras: 500 hombres rescataron su ciudad de un ejército de 26 000 soldados. Jerusalén estaba a salvo.

Más de 800 años después se hizo una película acerca del triunfo del joven rey sobre Saladino. Se llamó *El reino de los cielos*.

BALIAN BUSCHBAUM

(NACIDO EN 1980)

Con dieciocho años, Balian ya había ganado
los Campeonatos Mundiales Juveniles en la disciplina de salto con
garrocha. Luego se unió al ejército pero continuó compitiendo.
Cada año saltaba más y más alto, impulsado por la ira.

Balian sabía que era niño, pero sus padres no, y al ver que nació en el cuerpo de una niña, lo criaron como tal: lo llamaron Yvonne, lo hicieron vestir como niña, y en las competencias siempre lo inscribieron en los equipos femeninos. Naturalmente, Balian se sentía fuera de lugar e incómodo.

En los Juegos Olímpicos del año 2000 rompió el récord alemán de salto con garrocha al superar una barra de 4.7 metros de altura, pero no ganó medalla. Todos sabían que obtendría una en los siguientes Juegos Olímpicos, pero él decidió no volver a participar.

Balian sufrió una lesión y se vio obligado a tomar un descanso, así que tuvo mucho tiempo para pensar. Finalmente tomó la decisión de cambiar su cuerpo de mujer y convertirlo en un cuerpo de hombre para que coincidiera con lo que sentía en su interior. Para lograr el cambio tendría que tomar medicamentos y someterse a una operación, lo que significaba que no volvería a practicar el salto con garrocha.

Cuando su cuerpo se transformó en cuerpo de hombre, el atleta también cambió su antiguo nombre de Yvonne: eligió llamarse Balian, como un herrero que dejó atrás su hogar, su empleo y todo lo que conocía para encontrarse y ayudar a otros.

"La ira era lo que impulsaba mi éxito —dice Balian—. Cuando no estás cómodo en tu propio cuerpo, sientes rabia. Yo pude canalizar esa rabia en el deporte que practicaba."

BARACK OBAMA

(NACIDO EN 1961)

Mucha gente decía que Estados Unidos de América nunca tendría un presidente negro, pero estaba equivocada.

Barack Obama nació en 1961, en Honolulu, una isla estadounidense en el Océano Pacífico. A los seis años se mudó a Indonesia, un lugar donde la gente comía serpientes y grillos, y los niños practicaban la competencia de cometas en las calles. Algunos años no llovía y la gente sufría hambre; otros años las tormentas eran tan fuertes que el agua corría por los caminos formando ríos.

Como la vida era muy difícil en Honolulu, tiempo después enviaron a Barack de vuelta a Estados Unidos.

Barack creció y se casó con una mujer llamada Michelle. Tuvieron dos hijas a las que llamaron Sasha y Malia.

Pero Estados Unidos no estaba bien y su economía enfrentaba dificultades: la gente era más pobre que nunca y no había suficientes empleos. Los estadounidenses querían un cambio; deseoso de ayudar, Barack se postuló para presidente. A pesar de los cientos de años de racismo, de los ataques de sus contendientes y de que sólo habían pasado cincuenta años desde que a la gente negra se le permitió votar, los estadounidenses eligieron a Barack como presidente.

Barack, sin embargo, no se parecía a ninguno de los presidentes anteriores. Coleccionaba cómics del Hombre Araña, jugaba baloncesto y hasta bailaba en programas de televisión.

También creó millones de empleos nuevos, le ayudó a la gente pobre a conseguir medicamentos, dio fin a dos guerras y prohibió que las personas gay y las mujeres fueran tratados de manera distinta a los demás.

Por si fuera poco, todo eso lo hizo al mismo tiempo que educaba a sus hijas con su esposa. En la opinión de Malia y Sasha, su padre sólo estaba tratando de crear un mundo en el que toda la gente tuviera la oportunidad de ser quien quisiera ser.

"De eso se trata el feminismo del siglo veinte —dijo Barack—: de pensar que cuando todos somos iguales, todos somos más libres."

BENJAMIN ZEPHANIAH

(NACIDO EN 1958)

Cuando lo expulsaron de la escuela, a los trece años, Benjamin prácticamente no podía leer ni escribir. La situación había sido tan difícil en casa, que le costaba trabajo estudiar y siempre terminaba metiéndose en dificultades.

Lo que realmente le interesaba era la poesía. Pero no los poemas de los poetas muertos, sino los poemas vivos y las historias que su madre le contaba sobre la vida en Jamaica. Como las historias de Anansi, la araña juguetona que se disfrazó de hombre e hizo un trato con el Dios del Cielo para conseguir todas las historias del mundo.

Benjamin sabía lo que quería hacer, así que puso manos a la obra.

Escribió sus propios poemas y los leyó en todos los lugares que pudo: en iglesias, en centros comunitarios y en la calle.

Entonces la gente empezó a escucharlo.

Su poesía era para gente real y hablaba de asuntos cotidianos como el dolor del racismo, la alegría del baile y sobre si era correcto comer animales o no. Poco después ya podías escuchar su poesía en todos lados: en las pistas de baile, en las manifestaciones, en los conciertos y en la televisión. Su misión era revivir la poesía, recordarle a la gente el poder que aún tenía. Benjamin viajó por el mundo y recitó sus versos acompañado de una mezcla de muchos géneros musicales que iban del *hip-hop* al *rock*.

En su camino inspiró a mucha gente a escribir y a hacer *rap*, también animó a todos a presentarse ante el público y expresar sus ideas.

Benjamin ha ayudado a primeros ministros, ha participado en giras mundiales, ha escrito libros que han sido grandes éxitos de ventas y casi no puede caminar por las calles de Londres sin que la gente lo reconozca y lo salude.

"¡Gracias!", le gritan.

Él levanta la mano y los saluda de vuelta.

Y todo sucede gracias a la poesía.

De Cool Mankind
he British
Funky Chicken
I De Rap Guy
U.N. (United Neighbours)
All You Sea
I Luv Me Mudder
Good Hop
We Refugee
Thought For Monday
Voices For Choice
De Magic Poem
The Vegans
Play Daze
Natura Anthe
Before All These Cities
Serious Luv
Fearless Bushmen
Him In The Himalayas
This Orange Tree
Jellyvisio

BILL GATES

(NACIDO EN 1955)

"No hay razón para que alguien quiera tener una computadora en su casa", declaró un adinerado hombre de negocios hace cuarenta años.

Pero Bill pensaba lo contrario. Él creía que algún día habría una computadora en cada hogar. Ahora parece obvio, pero en aquel entonces no era así. En ese tiempo las computadoras eran del tamaño de un horno y no hacían nada realmente divertido. Eran tan costosas que sólo las grandes empresas podían darse el lujo de tenerlas.

Bill, sin embargo, tuvo suerte. Gracias a que su escuela hizo un trato con una de esas empresas, los niños tenían permiso para usar computadoras algunas horas a la semana.

A Bill le asombraron las posibilidades desde el principio. Con Paul Allen, su mejor amigo, empezó a faltar a clases para esconderse en el salón de computación y trabajar con las computadoras más tiempo. Cuando sólo tenía quince años diseñó un programa que contaba el tráfico y lo vendió por 20 000 dólares.

Luego terminó la preparatoria y su padre lo presionó para que se inscribiera en la universidad y estudiara leyes. Bill lo hizo, pero no estaba convencido. Lo único en lo que pensaba era en las computadoras. No dejaba de imaginar que podrían ser como ventanas hacia todo lo que queremos aprender en el mundo.

Bill dejó la universidad, llamó a Paul, su antiguo compañero de la escuela y fundó una empresa de computadoras llamada Microsoft.

Actualmente la mayoría de las computadoras usan Microsoft: el programa que convirtió a Bill en una de las personas más ricas del planeta. Para gastar su dinero de manera sabia, fundó una asociación benéfica con ayuda de Melinda, su esposa, juntos ayudan a gente de todo el mundo a tener acceso a agua limpia, alimentos, asistencia en caso de desastres naturales, educación, medicamentos y bibliotecas.

BOYAN SLAT

(NACIDO EN 1994)

Cuando fue de vacaciones a Grecia, Boyan, de dieciséis años de edad, se lanzó emocionado al reluciente mar para nadar entre cardúmenes de peces exóticos. Pero se quedó pasmado al notar que casi no había peces. Lo único que veía eran bolsas de plástico y quiso saber por qué.

Cuando volvió a casa, Boyan empezó a investigar y lo que averiguó lo entristeció.

Cada año se tira más y más basura plástica a los mares del planeta. El plástico envenena a animales como tortugas, focas y aves; también a los peces que lo tragan. Luego los humanos comemos esos peces y nos enfermamos. Todos los desechos de plástico se agrupan y forman grandes áreas de basura que los animales no pueden eludir de ninguna manera. Una de las áreas más grandes, la Gran Mancha de Basura del Pacífico, es del doble del tamaño de Estados Unidos.

Boyan quiso hacer algo al respecto.

Se puso a trabajar e inventó un nuevo tipo de limpiador de mares que viajaría sin rumbo con ayuda de la corriente y recogería plástico cuando el agua pasara a través de él.

Algunos científicos dudaban que el invento de Boyan funcionaría, pero después de un año completo de pruebas, les demostró que sí servía. La gente estaba tan impresionada que su empresa recaudó más de treinta millones de dólares para empezar a trabajar.

En menos de diez años Ocean Cleanup habrá eliminado la mitad de la Gran Mancha de Basura del Pacífico. En 2014 Boyan se convirtió en la persona más joven en recibir el título de «Campeón de la Tierra». Con suerte, vivirá lo suficiente para volver a saltar al mismo mar griego que lo inspiró, y verá a miles de hermosos peces nadando a toda velocidad en el agua cristalina.

LOS CHICOS DE LA ACADEMIA ISCA

Era un largo y caluroso día de verano en Inglaterra, en una escuela, en un rincón del país, a los chicos les prohibieron usar cualquier cosa que no fuera pantalones.

Era una tortura. Sentían tanto calor que no se podían concentrar en las clases; lo más injusto era, ¡que a las chicas les permitían usar faldas si querían! Cuando se cansaron de sudar y de sentir los pantalones pegados a la piel, los chicos fueron a la oficina de la directora.

"Queremos usar shorts", dijeron.

"Los shorts no forman parte del uniforme escolar", gritó la directora.

"Pero las niñas pueden usar falda", dijeron ellos, en tono suplicante.

"Bien —dijo la directora, sonriendo traviesamente—, ustedes también pueden usar falda si así lo desean."

Al salir de la escuela los chicos se reunieron bajo la sombra de un enorme árbol del patio.

"¿Qué hacemos?", preguntó uno de ellos.

"Es obvio —respondió otro—, mañana usaremos faldas."

"¡No podemos usar faldas!"

"¿Qué tienen de malo las faldas?"

"Sólo son shorts sin la parte de en medio. Y de todas maneras esa parte lastima porque se pega al trasero."

"¿Entonces está decidido?", preguntó alguien.

"Está decidido", dijeron todos.

A la mañana siguiente los chicos llegaron a la escuela vistiendo falda.

Y esa noche, todos los periódicos del país presentaron la historia. Los encabezados decían: "¡Chicos usan faldas como protesta contra el uniforme!" Los fotógrafos salieron disparados en bandadas a la escuela para fotografiar al grupo de sonrientes amigos que posaron con sus faldas nuevas, y en los comentarios de los artículos, gente de todo el mundo felicitó a los chicos.

Algunos días después, la directora cedió y las reglas cambiaron. Los encabezados de los periódicos de todo el mundo proclamaron: "¡Chicos con falda vencen a su escuela!"

CAINE MONROY
(NACIDO EN 2002)

Las clases de verano terminaron en Los Ángeles, y Caine, de nueve años, pasaba sus días en el taller de refacciones para automóviles donde trabajaba su papá. No tenía mucho que hacer.

Para ocupar su tiempo, empezó a construir un salón de juegos. Siempre le habían encantado los salones, pero ahora quería tener uno propio. Lo construyó con las cajas de cartón en que llegaban los artículos para el taller. Usó tijeras y cinta adhesiva, e hizo máquinas, bases para los premios, un servicio de seguridad y hasta uniformes.

Su sueño era que su salón de juegos se llenara de gente, por eso ofreció cuatro turnos por un dólar o un Pase de Diversiones por dos dólares. El pase le daba a la gente 500 turnos. Sus juguetes serían los premios que podrían ganar los visitantes.

El último día del verano, un director de cine llamado Nirvan Mullick entró a comprar una nueva manija para su auto, pero antes de irse pidió un Pase de Diversiones. Nirvan quedó fascinado y quiso hacer una película sobre Caine y su salón de juegos para que toda la gente supiera lo que había construido.

Cuando el video estuvo disponible en Internet, la gente lo vio más de un millón de veces el primer día.

Nirvan quiso aprovechar toda esa atención para ayudar a Caine, así que abrió un fondo con el objetivo de reunir dinero para que pudiera estudiar en la universidad cuando fuera grande. El fondo reunió más de 200 000 dólares.

Nirvan y Caine crearon Imagination.org, un sitio de internet que trata de inspirar la creatividad en escuelas, hogares y comunidades de todos lados. Su misión es lograr que los niños usen la imaginación para cambiar y mejorar el mundo. El sitio propone desafíos y comparte historias, y con eso ha motivado a más de un millón de jóvenes a pensar de manera creativa y divertirse al mismo tiempo.

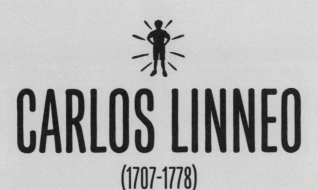

CARLOS LINNEO

(1707-1778)

Bufo bufo significa sapo. Nosotros somos *Homo sapiens* y *titanosaurus Argentinosaurus huinculensis* es el nombre de un dinosaurio que era tan pesado como un avión.

Los científicos usan esta manera de nombrar a los seres vivos gracias a un hombre llamado Carlos Linneo que nació en Suecia en 1707.

Carlos estaba obsesionado con las plantas desde que era pequeño. Quería conocer el nombre de cada una y por eso pasaba todo el tiempo que podía en el jardín. La gente lo consideraba un niño extraño.

Lo que más le interesaba en la escuela eran las ciencias naturales, así que su maestro le sugirió que estudiara medicina y Carlos siguió su consejo.

Una calurosa tarde de verano, cuando ya estudiaba en la universidad, un profesor lo encontró paseando entre las flores del jardín científico. El profesor sintió curiosidad y decidió ponerlo a prueba.

"¿Cómo se llama ésta?", le preguntó, señalando un arbusto con pétalos rosados.

"Madreselva —contestó Carlos de inmediato—. Es nativa de Siberia y del este de Asia. No coma el fruto porque es venenoso y podría matarlo."

El profesor quedó atónito. Le hizo otra prueba y Carlos respondió bien. Luego otra, y Carlos también conocía esa planta. El profesor estaba tan impresionado que le ofreció al estudiante un lugar para vivir, acceso a una biblioteca y un puesto de maestro en la universidad.

Carlos trabajó arduamente para dar a conocer la noticia sobre la nueva manera de llamar a los seres vivos: el sistema binominal. En este sistema, todos los seres vivos de la tierra tienen un nombre de dos palabras. Gracias a él, aunque hablen idiomas distintos, los científicos del planeta saben que se están refiriendo a la misma planta o criatura. Carlos nombró más de 12 000 especies y también nos facilitó muchísimo el entendimiento del magnífico mundo de la naturaleza.

CHARLES FOURIER

(1772-1837)

Al morir su padre, Charles heredó suficiente dinero para dejar su hogar y recorrer Europa. Estaba emocionado de viajar porque era filósofo y, como tal, pasaba la mayor parte del tiempo pensando y escribiendo. Entre más veía, más tenía en qué pensar y escribir.

El objetivo de todo ese pensar y escribir era tratar de que el mundo fuera un mejor lugar para toda la gente que vivía en él. Mientras atravesaba Francia apresuradamente en un carruaje tirado por caballos, a Charles se le ocurrió que tratar bien a las mujeres era una manera obvia de mejorar el mundo.

En la época en que vivió, hace 200 años, a las mujeres se les trataba mucho peor que a algunos hombres. No se les permitía tener sus propias cosas, ni buscar un empleo, ni votar. La mayor parte del tiempo tenían que quedarse en casa limpiando o cocinando.

A Charles le parecía que no era correcto. Pensó que todos deberían tener las mismas oportunidades en la vida, independientemente de su género. No fue la primera persona a la que se le ocurrió, pero sí inventó una palabra para llamarle a esa nueva postura: feminismo. La palabra se siguió usando y, simplemente, quería decir que los chicos y las chicas deberían recibir el mismo trato.

Gracias a la lucha de muchas mujeres valientes, ahora estamos más cerca de la igualdad que hace 200 años.

Resulta sorprendente, pero todavía tenemos que usar la palabra feminismo porque la gente no siempre trata a los chicos y a las chicas de la misma manera. Si a ti te parece que el trato debería ser igual, entonces puedes considerarte feminista.

CHESLEY SULLENBERGER

(NACIDO EN 1951)

El vuelo 1549 acababa de despegar del aeropuerto La Guardia de Nueva York, cuando chocó contra una enorme parvada de ruidosos gansos. Los dos motores se apagaron. El avión estaba a 3000 pies de altura y viajaba a 400 kilómetros por hora.

Afortunadamente los pasajeros estaban bajo el cuidado del Capitán Sully, un comprometido piloto con cuarenta años de experiencia volando aviones. Sully quiso volar desde que tenía cinco años.

"Nos dirigimos de vuelta al aeropuerto", dijo el piloto a la torre de control.

Pero luego se dio cuenta de que no lo lograría.

"Mejor nos dirigiremos a una pista en el siguiente aeropuerto", explicó.

Entonces comprendió que tampoco llegaría allá. La única opción que le quedaba era el Río Hudson.

Era una decisión muy difícil. Solamente otro avión había tratado de acuatizar en el río, pero se estrelló y el piloto murió. Nadie habría culpado a Sully si hubiera tratado de volver al aeropuerto, pero sabía que ya no era posible.

"Prepárense para el impacto", anunció a través del altavoz.

Milagrosamente, el capitán logró acuatizar el avión en el río. Si hubiera hecho contacto con el agua en un ángulo ligeramente incorrecto, el avión se habría partido en dos y la gente quizás habría muerto. Pero todos estaban a salvo.

La tripulación pudo evacuar de manera segura a todos los pasajeros. El capitán Sully fue la última persona que bajó del avión.

Cuando los investigadores hicieron una simulación del vuelo 1549, descubrieron que ningún otro piloto habría logrado lo que hizo Sully, pero él es un hombre modesto y dice que el éxito se debió a que cada uno de los miembros de la tripulación conocía bien su trabajo, todos actuaron con decisión y trabajaron en equipo.

Sully se retiró un año después. Ahora viaja por todo Estados Unidos ofreciendo conferencias sobre seguridad y trata de ayudar a la gente a que esté bien preparada para enfrentar emergencias.

CHRISTIAN McPHILAMY

Hay muchas razones por las que a los niños se les puede caer el cabello. Puede ser porque están recibiendo tratamiento contra el cáncer, sufrieron quemaduras o les es imposible dejar de arrancárselo. No tener cabello puede provocar que otros niños los molesten y les hagan perder toda su confianza.

Christian tenía seis años cuando vio en televisión un anuncio que explicaba todo esto. Sabía que quería ayudar y pensó que la mejor manera sería dejando crecer su cabello para donarlo después. De esa forma alguien podría fabricar una peluca para un niño que lo necesitara más que él.

El chico dejó de cortarse el cabello por más de dos años. Su cabello creció y creció hasta convertirse en una brillante melena rubia que le llegaba a la cintura.

A veces sus compañeros de clase, sus entrenadores deportivos o los amigos de sus padres le decían que se cortara el cabello, incluso llegaron a ofrecerle dinero por hacerlo. Decían que parecía niña, pero a Christian no le importaba y no pensaba detenerse. Se aseguró de explicarles en detalle a todas las personas que lo criticaban o que se reían de él, qué estaba haciendo y por qué. Cuando la gente se enteraba de que quería ayudar a los niños enfermos, muchos se sentían avergonzados y le ofrecían disculpas.

Más de dos años después de ver el anuncio, se sintió listo. Su familia se reunió alrededor de él y le rasuró todo el cabello. En total, Christian logró que su cabello produjera cuatro coletas tan largas como diez orugas. El cabello fue enviado a la asociación Children With Hair Loss (Niños a los que se les cae el cabello) y así Christian mejoró profundamente la vida de varios niños y niñas pequeños.

CHRISTOPHER PAOLINI

(NACIDO EN 1983)

Todo comenzó cuando su mamá lo llevó arrastrando a la biblioteca. Antes de eso, a Christopher no le gustaba leer. No le interesaba aprender y no creía que le sería útil jamás. Pero en esa visita tomó un libro que lo llevó a otro mundo y desde entonces nunca ha querido volver a casa.

Después de una historia en particular, Christopher empezó a ver grandes dragones volando en descenso por todos lados. Los veía en la ducha, en el jardín y hasta cuando cerraba los ojos.

Sabía que eso debía significar algo.

Significaba que tenía que escribir.

Christopher aprovechó el conocimiento que había acumulado cuando acampaba en las montañas detrás de su casa —cosas como construir refugios, fabricar espadas, rastrear animales y lanzar con arco— y con eso empezó a trabajar en una novela de fantasía épica que se desarrollaba en una tierra salida directamente de su imaginación. Tenía quince años cuando comenzó. Un año después, terminó de escribir.

El libro se llamaba *Eragon* y contaba la historia de un niño granjero que encuentra un huevo de dragón y se ve obligado a huir de su pueblo cuando un rey malvado llega en busca del tesoro.

Christopher publicó el libro con ayuda de sus padres, incluso dibujó la portada. Para promoverlo, todo un año fue a diferentes escuelas vestido con un disfraz medieval y leyó partes de la historia.

Finalmente, un representante de una importante casa editorial escuchó hablar de Christopher, leyó el libro y lo publicó en todo el mundo. En un instante entró a la lista de los libros más vendidos.

En 2011 los Récords Guinness le dieron un reconocimiento por ser "el autor más joven de una serie de libros *bestseller*".

CONFUCIO

(551 A.C. — 479 A.C.)

Confucio dijo: "Todo tiene belleza, pero no todos la ven."

Confucio nació en China, en una época en la que los salvajes señores de la guerra peleaban por el país y forzaban a algunos hombres a participar en batallas, a otros a trabajar para ellos y, al resto, a pagar impuestos. Cuando Confucio era adolescente cuidaba granjas enclavadas en las montañas. Pasaba el tiempo pensando y divagando. Luego se hizo adulto y dejó su hogar para viajar por China y dar a conocer su filosofía.

"Adonde quiera que vayas, ve con todo tu corazón", dijo.

Confucio les enseñó a los líderes que debían guiar con el ejemplo de lo bueno y lo correcto en lugar de ir en busca del poder o el dinero. Dijo que quienes asumían el poder tenían la responsabilidad de cuidar a la gente. Los señores de la guerra estaban en su contra, pero la gente sentía que por fin había encontrado a alguien que hablara en su nombre.

"Lo que no quieras para ti, no lo hagas a los otros", dijo.

Confucio volvió a su tierra, abrió una escuela y, con apego a sus creencias, les enseñó a los jóvenes: no sólo ética y filosofía, también arquería, caligrafía y el arte de montar un carro tirado por caballos. Su plan era entrenarlos para que consiguieran empleo en el gobierno e hicieran de China un mejor país.

Confucio dijo: "Elige un empleo que ames y no tendrás que trabajar en toda tu vida."

A pesar de las amenazas de los agresivos y violentos señores de la guerra, Confucio nunca dejó de hablar de lo que creía. Sus enseñanzas son tan poderosas y sabias que la gente en la actualidad todavía recurre a ellas cuando necesita guía y claridad. Las puedes encontrar en todos lados, desde los salones de clases en Inglaterra hasta los templos en Japón.

DANIEL ANTHONY

(1794–1862)

Un día de la primera mitad del siglo diecinueve, Susan volvió a casa de la escuela y le explicó a su familia que no le querían enseñar la división larga. Daniel, su papá, se puso furioso.

"¿Por qué no? —Preguntó—, ¿cómo es posible que no estés aprendiendo matemáticas?"

Susan no estaba aprendiendo porque su maestro se negaba a enseñarles a las niñas. Sólo les quería enseñar a los niños. Entonces, Daniel decidió abrir su propia escuela para que cualquier persona pudiera aprender lo que quisiera sin importar si era hombre o mujer.

Daniel dirigía un molino de algodón y una pequeña tienda local. A diferencia de otras personas de aquel tiempo, se negaba a vender alcohol, que era lo que daba más dinero. Cuando la comunidad necesitó construir nuevas casas para los trabajadores del molino, todos le advirtieron que si quería que los hombres le ayudaran, tendría que proveer ginebra y vino, pero él se negó; prefirió preparar una deliciosa limonada. Los trabajadores de todas formas se acercaron a ayudarle y construyeron las casas sin que hubiera accidentes por culpa de alguien que había bebido demasiado.

Daniel era abolicionista, es decir, deseaba que la esclavitud terminara. También era pacifista y no creía en la violencia. Creía en el trabajo duro, en la familia y en tratar a la gente con igualdad, y trató de inculcarle esos mismos valores a su hija.

Seguramente lo logró porque Susan creció y se convirtió en una de las activistas más importantes de su época. Hizo campañas por los derechos de las mujeres y en contra de la esclavitud; fue tan eficiente e influyente, que cien años después pusieron su cara en la moneda de un dólar.

Cuando su padre murió, Susan le escribió a una amiga y le dijo: "La mejor manera de demostrar mi amor y respeto por su memoria, es tratar de trabajar más y mejor que nunca por la humanidad."

Y eso es exactamente lo que hizo.

DAN KRAUS

Era un invierno húmedo y ventoso en Seattle. Un gato estaba atorado en la copa de un árbol tan grande como cuatro jirafas paradas una sobre la otra. Llevaba ahí cinco días y cinco noches. Estaba empapado, temblaba y tenía hambre.

El dueño del gato estaba desconsolado. Ya había llamado a toda la gente posible, pero nadie pudo ayudarle. Los bomberos no fueron porque estaban ocupados atendiendo emergencias humanas, incluso si hubieran ido, la escalera no habría llegado hasta el gato.

Finalmente, Dan se enteró de lo sucedido. Dan era arborista, su trabajo consistía en cuidar árboles y escalar muchos de los más altos.

Dan quería ayudar, así que, saliendo de trabajar, manejó hasta donde estaba el dueño del gato. Colocó su arnés en el árbol, se colgó y, para rescatar al gato, escaló más de veinticuatro metros. Cuando bajó, le conmovió tanto el reencuentro entre el tembloroso felino y su agradecido dueño, que llegó a la conclusión de que debería existir un servicio de emergencia para cuando esto volviera a suceder.

Así fue como Dan fundó el servicio de rescate Cat in the Tree (Gato en el árbol), y ahora, todos los días, cuando termina de trabajar, va en su auto a ayudar a gente cuyas mascotas se han quedado atoradas en lugares altos. Algunas veces tiene que trabajar a oscuras y otras lo hace en medio de un clima espantoso, pero siempre se esfuerza por reunir a los animales con sus familias humanas.

Dan ha rescatado más de mil gatos porque no hay mucha gente que trepe árboles tan altos; también dirige un sitio de internet que enlista a todas las personas dispuestas a participar en misiones de rescate. Si tu gato llega a quedarse atorado, ¡ya sabes a quién llamar para pedirle ayuda!

DANIEL RADCLIFFE

(NACIDO EN 1989)

En la escuela, Daniel siempre sintió que no servía para nada. Tenía un problema llamado dispraxia que hacía que incluso cosas sencillas como escribir o amarrarse las agujetas, se le dificultaran más que a otras personas. No confiaba mucho en él.

A pesar de todo, siempre supo que quería actuar, pero su audición para hacer el papel de Harry Potter, el niño hechicero de quien se habían enamorado millones de lectores en todo el mundo, fue casi un accidente. A los once años, Daniel quería renunciar a la actuación por completo, pero como no encontraban al niño adecuado para el papel en ningún lugar, el director lo persuadió de que hiciera la audición.

En cuanto Daniel entró al lugar, todos estuvieron de acuerdo en que él debía hacer el papel de Harry Potter.

Y durante los siguientes diez años, eso fue lo que hizo. Fue a la escuela Hogwarts de brujería y hechicería, jugó *quidditch*, voló en hipogrifo, luchó contra una serpiente gigante y finalmente venció a Lord Voldemort. Daniel creció conforme Harry fue creciendo también. Tanto él como su personaje tenían el mismo problema: adonde quiera que iban los reconocían. La gente esperaba muchísimo de ellos, incluso los molestaban en la escuela.

Daniel está contento de haber participado en *Harry Potter*, no porque eso lo haya hecho famoso o rico, sino porque significa que no permitió que la dispraxia le impidiera hacer lo que quería. Además, ahora tiene la oportunidad de hacer buenas acciones.

Para ayudar a otros, ha apoyado a la asociación benéfica Get Connected, en el Reino Unido, ahora conocida como The Mix. Se trata de un servicio para jóvenes que necesitan consejos. En lugar de que le compraran regalos de Navidad, en una ocasión Daniel les pidió a sus seguidores que enviaran su dinero a un hospital para niños. Y en Estados Unidos ha trabajado con Trevor Project, una línea telefónica a la que pueden llamar los jóvenes LGBTQ si se sienten tristes, solos o desprotegidos.

"Algunas personas piensan que soy gay —ha dicho Daniel—, me parece que eso es maravilloso."

DANIEL TAMMET
(NACIDO EN 1979)

Cuando era bebé, Daniel nunca dejaba de llorar. Golpeaba su cabeza contra la pared hasta que su mamá lo levantaba y lo arrullaba para que se durmiera. Nadie sabía cuál era el problema.

Luego tuvo un ataque de epilepsia. Todos estaban aterrados porque su abuelo había muerto por esta enfermedad y pensaron que la vida de Daniel llegaría pronto a su fin.

Pero en realidad sucedió otra cosa: el ataque modificó algo en su cerebro.

Daniel lo notó por primera vez cuando su papá le dio un libro para aprender a contar. Al ver los números vio algo más que solamente los 1, los 2 y los 3. Vio imágenes para cada número. Imágenes como relámpagos o agua en movimiento.

Algunos números eran abultados y otros suaves. Algunos eran muy llamativos y otros, silenciosos.

Un día Daniel estaba jugando con su hermano y éste le preguntó: "¿Cuánto es 82x82x82x82?"

Las imágenes dieron vueltas y se agitaron en la cabeza de Daniel.

"45 212 176", contestó Daniel.

Y tenía razón.

Sin embargo, su habilidad no le ayudó a Daniel a hacer amigos en la escuela porque él prefería estar siempre solo. Poco después le diagnosticaron autismo, lo que explicaba por qué algunas situaciones lo angustiaban demasiado. Cuando necesitaba calmarse, sólo observaba cómo pasaban los números por su mente, o recogía catarinas y se sentaba entre los árboles.

Aparte de los números, a Daniel le gustan los idiomas. Puede hablar diez y además inventó uno propio llamado Manti. Daniel ha escrito muchos libros y también tiene muy buena memoria.

"Técnicamente soy una persona con discapacidad, pero memoricé *Pi* hasta el decimal 22 514. Sólo quería demostrarle a la gente que la discapacidad no tiene que ser un obstáculo."

DAVID ATTENBOROUGH

(NACIDO EN 1926)

Como sus padres eran maestros, David creció en un campus universitario, rodeado de profesores viajeros, libros gruesos y conversaciones sobre fabulosos descubrimientos. Lo que más le gustaba era el mundo natural, y por eso pasaba horas en el bosque buscando fósiles, conchas y huevos.

Cuando creció, David se inscribió en la universidad para continuar estudiando la naturaleza, luego se unió a la armada con la esperanza de experimentarla por sí mismo. Estaba emocionado porque finalmente saldría en una aventura por el mundo, pero luego se enfadó mucho porque, ¡sólo lo enviaron a Gales!

En cuanto terminó su servicio militar fue a la BBC y preguntó si le permitirían ser presentador de programas sobre la vida salvaje para el público británico, pero los ejecutivos no querían ponerlo en televisión. Como no había muchos programas sobre el mundo de la naturaleza, no estaban seguros de que a la gente le interesara verlos. También les parecía que David tenía los dientes demasiado grandes y que a nadie le agradaría ver eso tampoco.

Pero no podían estar más equivocados.

Los equipos de filmación que han trabajado con David en sus programas, acampan y esperan pacientemente durante días, semanas y meses, y gracias a eso han logrado capturar algunas de las escenas de animales más hermosas que se hayan visto.

Los programas de David han permitido que la gente observe de cerca al pez rape con la boca completamente abierta e iluminando el fondo del mar con los bulbos resplandecientes que cuelgan de su cabeza. También se han visto pájaros cucú moviéndose furtivamente para colocar sus huevos en los nidos de otras aves. Desde la comodidad de su sala, el público ha visto incluso leones en plena caza, atrapando y dándose un banquete de cebras y gacelas.

David llevó el emocionante, mágico y extraño mundo de la naturaleza a los hogares de millones de espectadores. Pero no sólo lo hizo para entretenernos, sino también para darnos información sobre las magníficas criaturas con las cuales compartimos el planeta, los peligros que estas criaturas enfrentan y lo que podemos hacer para salvarlas.

Hay más de diez plantas y animales a los que se les ha nombrado en honor de David. Y cuando la British Antarctic Survey construyó un nuevo barco para inspeccionar las heladas aguas polares, le pusieron como nombre: Buque Real de Investigación Sir David Attenborough.

DEREK REDMOND

(NACIDO EN 1965)

Son los Juegos Olímpicos de Barcelona, en 1992. Derek Redmond está calentando para la carrera de 400 metros. Desde que tenía siete años ha compartido con su papá el sueño de ganar una medalla olímpica. Ahora es su oportunidad de hacer realidad su sueño.

"En sus marcas", retumba una voz.

Derek se coloca en posición.

"Listos..."

El corazón le palpita con fuerza en el pecho.

"¡Fuera!"

Y los corredores salen a toda velocidad por la pista en medio de una nube de polvo.

Derek se siente confiado. Ganó las primeras dos carreras. También puede ganar ésta. Se lastimó en los Juegos Olímpicos anteriores, pero este año tiene mejor condición que nunca.

Se coloca a la cabeza del grupo.

De repente, un agudo dolor le recorre la pierna. Es como si alguien le hubiera enterrado un cuchillo. Derek grita y cae al suelo en agonía.

"No —piensa—, esto no puede estar sucediendo."

Temblando por el dolor se levanta solo y continúa cojeando lentamente hacia el frente. Va en último lugar y con mucha distancia de diferencia. Los médicos y los oficiales se acercan a la pista, listos para cargarlo y llevarlo al hospital.

"¡Alto! —le gritan—. ¡Estás lastimado!"

Derek los ignora y sigue adelante, se arrastra con dolor hacia la meta. No sabe si lo logrará, pero se dice "debo hacerlo".

En ese momento, un hombre se abre paso con dificultad entre los médicos y corre hasta Derek. Es su papá.

"Derek —le dice—, no tienes que hacer esto."

"Lo sé —contesta él—, pero quiero llegar a la meta. Ayúdame."

Su papá abraza a Derek, le ayuda a erguirse y terminan la carrera. En cuanto cruzan la línea, la gente se levanta de un salto y aplaude. Sí, llegaron a la meta en último lugar, pero terminaron la carrera.

DON McPHERSON

(NACIDO EN 1965)

Don McPherson fue un famoso jugador de futbol americano, pero nunca se sintió cómodo practicando deportes. No le agradaba lo competitivo que era el ambiente, no le agradaba ver que todos actuaban como si fueran muy rudos y, particularmente, no le gustaba cómo se trataba la gente.

Había muchas cosas que le parecían ilógicas.

¿Por qué creemos que algunas personas son mejores que nosotros sólo porque pueden lanzar o patear un balón? ¿Por qué somos tan agresivos cuando jugamos? ¿Es la manera correcta de actuar? ¿Y por qué los hombres se insultan entre sí diciendo: "Lanzas el balón como niña"? ¿Por qué tenemos que decir que las mujeres son menos capaces? ¿Qué dice eso de ti?

En lugar de jugar futbol americano, ahora Don viaja por Estados Unidos y habla con la gente joven respecto a la masculinidad, el feminismo y los deportes. Él cree que, particularmente en este ámbito, los hombres suelen pensar y hablar de las mujeres de manera negativa, y esa forma de pensar y de hablar tiene consecuencias. Las chicas con frecuencia dejan de practicar deportes en la escuela porque pierden la confianza en ellas. Justamente ahora, en todo el mundo, miles de mujeres se sienten inseguras por la manera en que los hombres las tratan.

Don cree que la manera de terminar con esta situación no consiste solamente en tratar mejor a las mujeres, sino también en ponernos de pie y decir algo cuando vemos que alguien más las maltrata.

"Ustedes pueden hacerlo —dice Don—. Todos podemos hacerlo. Juntos, los hombres y las mujeres pueden crear un mundo más seguro."

DYNAMO

(NACIDO EN 1982)

Imagina que la tarde es oscura y vas caminando a lo largo del río Támesis, en Londres. Más adelante hay un grupo de personas que se han reunido para observar algo en el río. Te unes a ellos lleno de curiosidad. No puedes creer lo que ves. Hay un hombre caminando sobre el agua como si estuviera en tierra firme. El hombre se detiene casualmente y se queda parado mientras el río sigue su curso debajo de él. Un bote de la policía llega a toda velocidad y se lo lleva en medio de la noche.

Su nombre es Steven Frayne, pero la mayoría de la gente lo conoce como el mago Dynamo.

A Steven lo molestaban en la escuela porque vivía en un complejo de viviendas para gente pobre y además sufría de la enfermedad de Crohn, la cual le impedía comer y desarrollarse adecuadamente. Para que pudiera defenderse, su abuelo le enseñó trucos de magia, como el de hacer que su cuerpo fuera tan pesado que ninguno de los otros niños pudiera levantarlo.

Steven llevó sus actos de magia a la calle, se los mostró a la gente que estaba dispuesta a verlos y grabó videos de sus reacciones. También logró convencer a algunas personas para que lo dejaran entrar a eventos elegantes y a conciertos para poder hacer sus trucos frente a celebridades que se quedaban tan

sorprendidas como todos los demás cuando lo veían meter con magia sus teléfonos celulares en botellas de cristal o aparecer dinero de la nada.

Desde entonces, Steven ha predicho las noticias, levitado sobre rascacielos y atravesado ventanas cerradas. Sus presentaciones son vistas por televisión y han servido para recaudar dinero para la beneficencia. Además, Steven fue aceptado en el secreto Círculo Mágico.

Cuando tenía diez años, los bravucones de su escuela lo arrojaron a una presa aunque sabían que no podía nadar. Mientras chapoteaba inútilmente, tratando con desesperación de no hundirse, Steven deseó caminar sobre el agua. Ahora es Dynamo y puede hacerlo.

EDDIE AIKAU

(1946-1978)

Eddie practicaba *surf* cada vez que podía. Antes de ir a la escuela, al terminar sus clases y a veces incluso en el horario de clases... si lograba escaparse. Vivía en Oahu, la tercera isla hawaiana más grande y el mar era todo para él.

Eddie trabajó en una empacadora de piña y así ahorró suficiente dinero para comprar su primera tabla de *surf*. Después consiguió empleo como socorrista acuático y le asignaron la tarea de cuidar todas las playas en la Costa Norte de Oahu.

A pesar de que a veces las olas se levantaban a la altura de los postes telegráficos, mientras Eddie estaba de guardia, nadie se perdía en la franja de tierra que le correspondía cuidar. Se atrevía a meterse en olas a las que nadie quería acercarse y nunca permitió que el mar se llevara a alguien, por eso lo nombraron Socorrista Acuático del Año.

Un día Eddie se unió a la tripulación de un bote de madera para recrear el viaje histórico que hicieron los migrantes polinesios entre las islas hawaianas y tahitianas. Navegaron según los métodos tradicionales y se guiaron sólo por el sol y las estrellas.

La tripulación se encontró con un clima terrible. El agua se agitaba con tanta fiereza que el bote se volteó y la gente cayó al mar. Desesperados, los miembros de la tripulación se aferraron a los costados del bote para no hundirse.

"No se preocupen —dijo Eddie—, iré por ayuda."

El socorrista se alejó nadando en el oscuro y agitado mar.

La tripulación fue finalmente rescatada, pero nadie volvió a ver ni a saber nada de Eddie.

Hasta la fecha, cuando los surfistas hawaianos se encuentran con olas muy altas o clima tormentoso, se dicen entre sí: "Eddie sí iría." Todos los años organizan un concurso de *surf* en su honor, pero con frecuencia se cancela porque la gente sólo participa si las olas son enormes.

EUGENE CERNAN

(1934-2017)

Eugene Cernan fue el último hombre que caminó sobre la Luna. Antes de ir al espacio era solamente un joven piloto de guerra de la Armada de los Estados Unidos. Nunca solicitó participar en una misión espacial ni asistió a la escuela para pilotos avanzados, pero la NASA lo eligió por alguna razón.

En aquel tiempo Eugene pensaba que le sería imposible caminar en la Luna porque jamás había considerado ir al espacio y no estaba seguro de estar preparado para el desafío.

Pero después de diez años de entrenamiento, lo logró. Acompañado de su equipo, paseó en la superficie de la Luna y vio la Tierra a lo lejos mientras llevaba a cabo experimentos. Los astronautas recogieron muestras para aprender sobre la historia de la Luna, recorrieron más de treinta y cinco kilómetros en el vehículo de exploración, incluso rompieron el récord no oficial de velocidad sobre el suelo lunar, ¡al avanzar a diecisiete kilómetros por hora!

Lo último que hizo Eugene antes de volver a casa fue inclinarse y escribir el nombre de su hija en el polvo lunar: Tracy Dawn Cernan. Ahora estará ahí por más de 50 000 años.

Eugene fue el último hombre que caminó sobre la Luna, pero no deseaba que las cosas se quedaran así. Le entristecía que a los países ya no les interesaran los viajes lunares; tenía la esperanza de que la siguiente generación se sintiera inspirada a seguir poniendo a prueba los límites de la exploración espacial. No quería que la gente dejara de buscar respuestas y de preguntarse qué misterios sin resolver nos esperarían en el cosmos.

"Me desilusiona mucho seguir siendo el último hombre que caminó en la Luna", dijo Eugene antes de morir. Con suerte, alguien cambiará eso pronto.

FAVIO CHÁVEZ

(NACIDO EN 1975)

En las afueras de Asunción, la ciudad capital de Paraguay, hay un depósito de basura gigante llamado Cateura. Las montañas y valles formados en su totalidad por bolsas de plástico y chatarra, se extienden más allá de donde alcanza la vista. Los pobres recicladores caminan por esas montañas y valles en busca de trozos de aluminio o plástico para cambiarlos por un poco de dinero.

Como parte de su trabajo, a Favio lo contrataron para ir a Cateura y enseñarles a los recicladores a identificar qué objetos debían buscar y cuáles no. Cuando estuvo ahí platicó con los recicladores y les contó que trabajaba con una orquesta de jóvenes en otro pueblo.

"¿Podrías enseñarles música a nuestros niños también?" Preguntaron los recicladores: "Mientras nosotros trabajamos, ellos sólo pierden el tiempo aquí en el depósito de basura sin hacer nada."

Favio lo pensó. El problema era que un solo violín valía más que cualquier casa en Cateura y si alguno de los niños tuviera uno, sería peligroso. Pero por otro lado, no había manera de que los niños aprendieran si no tenían instrumentos para practicar.

Entonces se le ocurrió que con la ayuda de los recicladores, los niños podrían fabricar sus propios instrumentos con los objetos que tiraba la gente a la basura. Usaron barriles de petróleo, bandejas de hornos y trozos de tubos para construir flautas, violonchelos y violines. Los niños estaban tan felices que empezaron a practicar dos horas diarias. Así nació la Orquesta de Instrumentos Reciclados de Cateura.

Los niños han tocado en Estados Unidos, Noruega, Palestina y Japón. El dinero que reúnen lo envían de vuelta a la comunidad que se formó alrededor del depósito de basura. Como puedes ver, Favio usó el poder de la música para llevar esperanza a los niños.

LOS CUATRO CAPELLANES

Era 1943 y, en medio de la guerra, un antiguo crucero de lujo llamado Dorchester transportaba personal del ejército de Estados Unidos en las heladas aguas del Océano Atlántico. Se dirigían a Groenlandia. Como el capitán sabía que posiblemente había submarinos alemanes escondidos y al acecho, les ordenó a los 902 pasajeros que durmieran con sus chalecos salvavidas, pero la mayoría lo ignoró.

Un submarino alemán los vio. Segundos después, tres torpedos atravesaron el barco y éste empezó a hundirse rápidamente en las aguas del Ártico.

Todos entraron en pánico y el caos comenzó. La gente se apresuró a subir a cubierta, el viento helado les golpeaba la cara mientras abordaban y llenaban rápidamente los botes salvavidas. Poco después fue obvio que no había suficiente espacio para todos.

Cuatro capellanes del ejército, todos de distintas religiones, se mantuvieron en calma. Trataron de organizar a los pasajeros y los ayudaron a abandonar el barco. Encontraron más chalecos salvavidas y los repartieron.

Cuando los chalecos se acabaron, los capellanes se quitaron los suyos y se los dieron a otras personas.

Mientras el barco se hundía, los capellanes entrelazaron sus brazos y permanecieron rezando en la cubierta. La gente que se alejaba en los barcos salvavidas, contempló la escena llena de asombro y una profunda gratitud.

"Es lo más hermoso que he visto o habría esperado ver de este lado del cielo", dijo uno de los sobrevivientes.

FRANK OCEAN

(NACIDO EN 1987)

Lo único que Frank quería hacer cuando fuera grande, era cantar.
De adolescente, podaba el césped de los vecinos, lavaba
sus automóviles y paseaba a sus perros para ganar dinero porque
quería rentar un estudio y grabar sus canciones.
Vivía en Nueva Orleans, Luisiana.

Un día, un enorme huracán destrozó la ciudad. Miles de personas perdieron la vida, sus hogares y todo lo que tenían. Los estudios donde Frank había grabado, también desaparecieron.

Entonces se mudó a Los Ángeles para seguir haciendo música. Trabajó sin parar, y para cubrir sus gastos, consiguió empleos en los que tenía que preparar sándwiches y escribir aburridas listas de números en una computadora. Pero tiempo después firmó un contrato como compositor. Todos los días iba al estudio y escribía canciones de *hip-hop*, *rap* y *pop* para otras personas que las necesitaban.

Luego empezó a producir y cuando dio a conocer su propia música, la gente quedó fascinada.

Frank firmó un segundo contrato y así grabó su primer álbum.

La noche anterior al lanzamiento del álbum, Frank les escribió una carta a sus admiradores. En ella les contó la historia de aquella larga noche de verano en que se enamoró por primera vez y explicó que la persona de la que se había enamorado era un hombre.

Sus admiradores le preguntaron si era gay y él contestó que no le interesaban las etiquetas que se le ponían a la gente.

"Siento que soy un hombre libre —dijo—. Si escucho con atención, puedo oír el cielo desplomarse también."

Otros músicos le escribieron mensajes de apoyo en los que le decían lo valiente que era. Frank fue valiente porque durante mucho tiempo pareció que la comunidad del *hip-hop* nunca toleraría a la gente gay.

A Frank no le gusta ser famoso, pero está agradecido. A veces desearía usar una máscara para que nadie sepa cómo es. Aunque su álbum tuvo mucho éxito, se separó de su compañía disquera, desapareció y permaneció oculto bastante tiempo. La gente tuvo que esperar cuatro largos años antes de escuchar su nuevo álbum porque él quería que fuera perfecto. Cuando por fin presentó la nueva música, la gente lo amó más que nunca porque había hecho algo honesto y congruente con sus ideas.

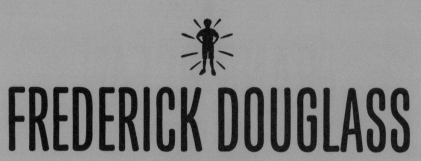

FREDERICK DOUGLASS

(1818–1895)

Frederick Douglass nació en Estados Unidos, en 1818. Cuando nació, ya era esclavo, lo que significa que la gente lo trataba como si fuera propiedad de otra persona. A los esclavos como Frederick los golpeaban, los alimentaban muy mal y los forzaban a trabajar hasta desmayarse.

También tenían prohibido aprender a leer y escribir. La gente que poseía esclavos creía que si les permitían estudiar y educarse, harían una revolución y les arrebatarían el poder.

La esposa del dueño de Frederick ignoró la ley y le enseñó al niño a leer y a escribir hasta que su esposo se dio cuenta y se lo prohibió. Lo que no pudo impedir el hombre fue que, a pesar del riesgo que sabía que corría, Frederick siguiera aprendiendo todo lo posible de los niños y los vecinos blancos del pueblo.

En cuanto supo leer, Frederick empezó a devorar literatura: panfletos, periódicos, novelas, la Biblia... Gracias a la lectura aprendió acerca de la esclavitud y se formó sus propias ideas y argumentos en contra de lo que ocurría. Frederick compartió sus ideas con otros esclavos y el conocimiento se extendió.

Luego trato de escapar dos veces, pero lo recapturaron. La tercera vez tuvo éxito. En esa ocasión lo transportaron a través de lo que se conoce como el ferrocarril subterráneo: una red secreta de rutas que la gente usaba para esconder a los esclavos y llevarlos a la libertad.

Cuando por fin fue un hombre libre, Frederick se casó, tuvo hijos y viajó por todo Estados Unidos hablando y haciendo campañas para poner fin a la esclavitud, pero también para defender los derechos de las mujeres, la independencia de Irlanda y otras causas que le apasionaban. También fue consejero presidencial, dio conferencias a estudiantes y publicó tres libros sobre su vida que alcanzaron los más altos índices de ventas.

En buena medida gracias al trabajo de Frederick, en 1865 se declaró la libertad de todos los esclavos, aunque la gente negra de Estados Unidos ha tenido que seguir luchando por la igualdad desde entonces.

GALILEO GALILEI

(1564–1642)

¿El Sol se mueve alrededor de la Tierra? ¿O la Tierra se mueve alrededor del Sol? ¿Cómo lo sabes? ¿Podrías probarlo?

Galileo pudo hacerlo.

Cuando era joven su padre lo envió a estudiar medicina. Todo iba muy bien hasta que entró por accidente a una clase de matemáticas y en ese momento decidió que en lugar de medicina, quería dedicar su vida a los números. Galileo creía que las matemáticas y la ciencia nos ayudarían a explicar, por fin, lo que sucedía en el mundo.

En la época de Galileo, los filósofos presentaban teorías, pero no las ponían a prueba como lo hacen los científicos de ahora. Sólo se les ocurrían ideas y las declaraban legítimas públicamente. Una de las ideas que todos aceptaban como cierta, era que la Tierra era el centro del universo y que el Sol giraba a su alrededor.

Pero Galileo no estaba de acuerdo.

El científico llevaba tiempo estudiando el sistema solar con ayuda de un telescopio que él mismo inventó. Así descubrió que la Luna no era una bola blanca y lisa, sino que estaba cubierta de cráteres oscuros.

También que alrededor de Júpiter giraban cuatro lunas grandes y logró probar su teoría de que la Tierra giraba alrededor del Sol.

La Iglesia no estaba contenta con los descubrimientos de Galileo pues iban en contra de lo que entonces se aceptaba como verdad absoluta, pero a él no le importó y siguió con sus experimentos.

Para uno de esos experimentos Galileo subió a la punta de la Torre de Pisa y dejó caer al suelo dos objetos de diferente peso. Aunque uno era mucho más pesado, sorprendentemente ambos golpearon el suelo al mismo tiempo. El suceso iba en contra de lo que todos creían.

La Iglesia sintió que Galileo había llegado al límite y se estaba burlando de Dios con sus ideas. Trataron de sentenciarlo a cadena perpetua, pero la gente protestó y entonces sólo lo obligaron a cumplir un arresto domiciliario permanente, lo que significó no tener permiso de volver a salir de casa jamás.

"No podemos enseñarle nada a la gente —decía Galileo—, sólo podemos ayudarle a descubrir las cosas."

REY JORGE VI

(1895–1952)

Jorge nunca esperó ser rey. Se suponía que el rey sería Edward, su hermano mayor, quien ocupó el trono cuando murió el padre de ambos. Y así fue por un breve periodo, hasta que Edward se enamoró de una mujer con la que su familia no le permitió casarse y decidió abdicar. Entonces Jorge se vio obligado a tomar su lugar.

Jorge siempre tenía miedo cuando era niño, lloraba y se enfermaba con frecuencia. También era tartamudo y le costaba trabajo hablar. Como su tartamudeo lo avergonzaba, se volvió muy tímido.

El día que descubrió que sería rey, fue aterrador. Fue a visitar a su madre y luego escribió en su diario: "Cuando le dije lo que había sucedido, me derrumbé y lloré incontrolablemente."

Una de las cosas que más le preocupaban era que tendría que hablar en público. Jorge vivió en la época en que la radio empezaba a popularizarse y la familia real pronto tendría que usarla para comunicarse con su pueblo.

Para prepararlo para sus obligaciones, Jorge fue enviado a consultar a un terapeuta del lenguaje llamado Lionel Logue. Lionel creía que la única razón por la que a Jorge se le dificultaba hablar en

público era porque le preocupaba demasiado cómo sonaba su voz. Pensó que tal vez si Jorge no se escuchara, no se preocuparía y dejaría de tartamudear. Para poner su idea a prueba, el terapeuta le colocó unos audífonos con música a un volumen fuerte y luego le dio un discurso para que lo leyera. Jorge se sintió frustrado porque creyó que el plan no estaba funcionando y salió triste y enojado del lugar.

Pero poco después escuchó la grabación de su discurso, ¡y descubrió que no había tartamudeado para nada!

Con la ayuda de su terapeuta, Jorge pudo dar discursos en público, inauguró el parlamento y le anunció al pueblo británico que Gran Bretaña había decidido participar en la guerra contra Alemania. Él y Lionel continuaron siendo amigos el resto de sus vidas y Jorge VI llegó a ser uno de los reyes más queridos de Inglaterra.

GHYSLAIN RAZA

(NACIDO EN 1988)

Ghyslain adoraba *La Guerra de las galaxias*. Le encantaban las elegantes naves de combate, las batallas con sables de luz que se libraban en el espacio y la gran lucha entre el Bien y el Mal. Las películas le gustaban tanto, que grabó un video de él oscilando un bastón recogebolas de golf como si fuera un Jedi con un sable de luz.

Desafortunadamente, algunos chicos de su escuela descubrieron el video y lo subieron a internet sin pedirle permiso. De la noche a la mañana, millones de personas ya habían visto a Ghyslain jugando a ser Jedi y sus comentarios no eran nada amables.

Lo peor para Ghyslain fue encontrar estos comentarios cuando leyó sobre su video en internet. Gente a la que ni siquiera conocía se estaba burlando de él. Lo molestaron tanto en la escuela, que tuvo que salirse. En las calles tampoco estaba a salvo. Nunca estaba seguro de si lo reconocerían y se reirían de él, o si lo insultarían a gritos. De pronto se sintió muy solo y pensó que nada valía la pena.

Ghyslain se volvió famoso por las razones equivocadas. Los reporteros no dejaban de llamar por teléfono a su casa ni de invitarlo a la televisión para entrevistarlo. Los personajes de caricaturas famosas también se burlaron de él.

Aunque le tomó tiempo, poco a poco recobró la confianza en sí mismo, fue a la universidad y se graduó. Tiempo después, los padres de los niños que robaron su video tuvieron que pagarle mucho dinero a su familia por el dolor que sus hijos le habían causado.

Ghyslain quiso enviarles un mensaje a todos los chicos que estuvieran en una situación parecida: "Van a sobrevivir, no están solos. Están rodeados de gente que los ama."

Años después, muchas personas empezaron a subir a internet videos en los que aparecían muy orgullosos jugando con sables de luz. Incluso hay un grupo que enseña coreografías: The Golden Gate Knights (Los caballeros del Golden Gate).

"Ghyslain Raza marcó un camino para otros seguidores de *La Guerra de las galaxias* —dice el líder del grupo coreográfico—. De cierta forma, él fue el elegido, el que nos llevó a todos a la luz."

GRAYSON PERRY

(NACIDO EN 1960)

Cuando Grayson Perry cumplió trece años descubrió que estaba aburrido de usar la ropa que otras personas consideraban que era para chicos. A veces le emocionaba más usar ropa que, supuestamente, era sólo para niñas. Vestidos, blusas, joyas, tacones: había muchas cosas más que ponerse aparte de jeans y camisetas.

Por otro lado, a Grayson le preocupaba que la gente no lo entendiera y por eso prefirió no compartir sus ideas y sólo escribirlas en su diario. En la escuela siguió siendo Grayson, pero cuando volvía a casa se ponía la ropa que quería e imaginaba que se llamaba Claire. Caminaba solo en los cementerios y ahí inventaba sus propios mundos mágicos.

Una noche que salió de casa, su hermana leyó su diario, descubrió su secreto y le contó a su padre. El padre de Grayson se sintió confundido y enojado, y le dijo que se fuera de casa. Así fue como Grayson terminó viviendo con su mamá.

Cuando acabó sus estudios, se mudó a Londres para convertirse en artista, obvio no lo hizo de inmediato. Primero trabajó en un restaurante de sándwiches y fue a la

escuela de arte por las noches. Luego conoció a una mujer, se enamoró, se casó con ella y tuvieron una hija.

Todo ese tiempo Grayson diseñó enormes alfombras, grabados y esculturas sumamente detallados. Pero tal vez sus obras más conocidas son las hermosas vasijas cubiertas de imágenes de mundos provenientes enteramente de su imaginación.

Después de muchos años de trabajo, Grayson recibió el reconocimiento más importante para el arte en Inglaterra: el Premio Turner. El público se puso de pie de un salto para aplaudirle mientras él subía al escenario a recoger su premio vestido como Claire, la chica que le encantaba ser cuando era niño y paseaba por los cementerios.

HANS SCHOLL

(1918-1943)

Cuando los nazis asumieron el control de Alemania mataron a millones de personas inocentes y despojaron a todos de su libertad.

En la universidad, Hans, sus hermanas Sophie e Inge, y sus amigos, empezaron a discutir en secreto sobre los nazis y lo crueles e injustas que eran sus acciones.

Entonces decidieron crear un grupo: La Rosa Blanca.

La Rosa Blanca imprimía panfletos que describían la manera en que los nazis estaban matando a los judíos, a personas con discapacidades y a otras minorías. Hablaban de la resistencia sin violencia que Gandhi había practicado. El problema era que mucha gente no sabía lo que estaba sucediendo ni qué podía hacer al respecto. La Rosa Blanca quería cambiar esa situación.

La Rosa Blanca pegaba sus panfletos en escuelas, bares, cafés y casas que elegían en el directorio telefónico al azar. Los efectos empezaron a sentirse poco después. En los muros de la ciudad aparecieron frases antinazis: "¡Hitler es un asesino!", decía una. "¡Abajo los nazis!", se leía en otra.

Un día detuvieron a Hans y a su hermana Sophie para una inspección. Los policías encontraron en el bolsillo de Hans el borrador del próximo panfleto que se publicaría y se dieron cuenta de que habían atrapado a dos de los líderes de La Rosa Blanca. Hans fue ejecutado a los veinticuatro años por atreverse a enfrentar a los nazis.

Sin embargo, La Rosa Blanca no dejó de trabajar. Uno de los panfletos del grupo fue sacado de Alemania y llevado a Inglaterra, donde se hicieron miles de copias. Los aviones ingleses sobrevolaron las ciudades alemanas y dejaron caer los panfletos en las calles para que la gente se enterara de lo que pasaba en su país y supiera qué hacer para evitarlo.

A pesar del miedo, de la posibilidad de morir, y de vivir bajo uno de los regímenes más aterradores que han existido, Hans, Sophie y el resto de los miembros de La Rosa Blanca nunca dejaron de luchar por sus ideas.

HARVEY MILK

(1930–1978)

Harvey se dio cuenta de que era gay cuando tenía catorce años, al principio decidió no hablarlo con nadie. Cuando terminó sus estudios se unió a la Armada. Tiempo después se enamoró y se fue a vivir con su pareja a San Francisco, ahí abrieron una tienda de cámaras fotográficas. Mientras estaba trabajando, Harvey descubrió lo mucho que le gustaba ayudar a otras personas a solucionar sus problemas. Tal vez se debía a que él no había permitido que nadie lo apoyara cuando más lo necesitó. Para seguir ayudando a otros, decidió dedicarse a la política.

Harvey quería ocupar un puesto en el ayuntamiento. En la primera elección obtuvo el décimo lugar. En la segunda elección quedó en séptimo. En la tercera quedó en cuarto y, finalmente, llegó a ser el primer funcionario abiertamente gay elegido en la historia de la ciudad.

Se puso a trabajar de inmediato. Creó programas para las minorías, para los trabajadores y para la gente mayor. Aprobó una ley que les prohibía a los empleadores y a los arrendadores discriminar a la gente por su sexualidad. Promovió el transporte público y una opción más económica de cuidado infantil. Incluso aprobó una ley que obligaba a la gente a recoger el excremento de sus perros.

Luego alguien propuso un proyecto de ley que prohibiría a los maestros gays y a las maestras lesbianas trabajar en las escuelas de California, pero Harvey le puso fin a la iniciativa.

El 27 de noviembre de 1978, un hombre enojado y conflictivo que se oponía a las causas que Harvey defendía, le disparó y lo mató en su oficina.

La gente de la ciudad estaba desconsolada.

Treinta mil personas marcharon con velas para mostrar lo mucho que Harvey había significado en sus vidas. Harvey se convirtió en el símbolo del movimiento por los derechos de la gente gay. En 2009 Barack Obama le otorgó la Medalla Presidencial de la Libertad y ahora, cada 22 de mayo en Estados Unidos, se celebra el Día de Harvey Milk.

IQBAL MASIH

(1983–1995)

A los cuatro años Iqbal empezó a trabajar en una fábrica de alfombras en Paquistán. Luego su mamá se enfermó y le pidió prestados cien dólares al dueño de la fábrica para pagar su operación, pero como no pudo devolverle el dinero, tuvo que entregarle a Iqbal para que fuera su esclavo.

En la fábrica forzaron a Iqbal a trabajar muchas horas al día en un espacio diminuto y caluroso, lleno de equipo ruidoso e inseguro. El niño tenía que trabajar sin parar y si se detenía lo golpeaban.

Iqbal escapó de la fábrica a los diez años. Corrió al departamento de policía y explicó todo, pero en lugar de ayudarle, los oficiales lo llevaron de vuelta a la fábrica y solicitaron una recompensa. En esta ocasión, el dueño de la fábrica lo encadenó al telar de alfombras para que no pudiera escapar.

Un día, Iqbal vio un póster de una organización llamada Bonded Labour Liberation Front (BLLF) que se dedicaba a rescatar gente en cautiverio, y se puso en contacto con ellos en secreto. Los miembros de la organización le explicaron que la esclavitud había terminado y que todos los esclavos deberían ser libres.

Con la ayuda de BLLF, Iqbal y otros niños consiguieron permiso para abandonar la fábrica, pero en otros lugares no pasaba lo mismo. La mayoría de los dueños de fábricas ignoraba las leyes recientes y todavía tenía niños cautivos y encadenados a ruidosas máquinas de metal.

Iqbal decidió que su misión sería liberarlos.

Comenzó a meterse a las fábricas a escondidas para hablarles a los otros niños sobre sus derechos. Dio conferencias en reuniones y manifestaciones, y en nombre de los niños esclavizados, habló con la gente que tenía negocios y con los dueños de las fábricas. Incluso voló por todo el mundo para hablar de su lucha y de la lucha de otros niños como él.

En 1995 Iqbal fue asesinado por oponerse a los dueños de las fábricas, pero para entonces ya había ayudado a salvar las vidas de más de tres mil niños atrapados que sentían que ya los habían olvidado.

ISHIRO HONDA

(1911–1993)

Godzilla es un monstruo gigante y aterrador, mitad dragón y mitad dinosaurio. Normalmente dormía en el fondo del mar, pero cuando los gobiernos empezaron a probar sus bombas ahí, despertó y comenzó a recorrer las ciudades pisoteando y destruyendo todo lo que encontraba a su paso.

Hay muchas versiones de esta historia, pero la primera fue la que creó un hombre japonés llamado Ishiro, en 1954.

Ishiro soñaba con hacer películas. Pasaba horas solo en el cine tomando notas, pero su sueño tendría que esperar.

La Segunda Guerra Mundial se estaba librando en todo el planeta e Ishiro fue llamado a luchar. Lo enviaron a China, donde el Ejército Nacional Revolucionario lo capturó y lo hizo prisionero de guerra.

Ishiro era gentil y amistoso, y gracias a eso logró hacerse amigo de los habitantes de un pueblo cercano al lugar donde lo tenían preso. Cuando la guerra terminó, fue liberado. Le preguntaron si quería quedarse, pero él quería volver a casa para reunirse con su esposa y sus hijos.

Como regalo de despedida, sus amigos le regalaron piezas artesanales de papel frotado sobre antiguos adagios tallados en las piedras de los templos chinos.

De vuelta en Japón, Ishiro escribió los adagios en la parte de atrás de todos sus guiones cinematográficos.

Cuando inventó a Godzilla no sólo estaba tratando de mostrarle a la gente un monstruo, en realidad quería ilustrar la devastación que su país vivió debido a la guerra. Mucha de la gente que veía sus películas les temía a los monstruos, pero Ishiro en realidad sentía pena por ellos.

"Los monstruos nacen siendo demasiado altos, muy fuertes, demasiado pesados. Esa es su tragedia", decía el creador japonés.

No era culpa de Godzilla ser tan enorme y aterrador, era algo que no podía evitar. Nosotros tuvimos la culpa por despertarlo.

JAIME ESCALANTE

(1930-2010)

Cuando Jaime Escalante fue a enseñar matemáticas a la preparatoria Garfield, todos le dijeron que perdería su tiempo. Garfield tenía reputación de ser una escuela violenta y peligrosa, y los estudiantes con frecuencia reprobaban los exámenes o abandonaban sus estudios. Jaime no hizo caso.

Sus padres fueron maestros en Bolivia, donde él creció. Luego se mudó a Estados Unidos para construir una vida mejor para él y sus estudiantes.

Cuando llegó a Garfield, no empezó enseñando matemáticas simples, prefirió darles a todos sus alumnos la oportunidad de aprender ecuaciones complejas. Les dijo que la educación podía ser la clave de su futuro si se lo permitían. Si tenían paciencia y aprendían matemáticas, podrían progresar y conseguir todo tipo de empleos en los campos de la electrónica, la computación, la ingeniería y las ciencias.

"Uno no entra al futuro —les advirtió—: uno crea el futuro. Y el futuro se crea con trabajo arduo."

Los otros maestros desconfiaban de Jaime y de sus nuevos métodos de enseñanza. Les parecía que llegaba a la escuela a trabajar demasiado temprano y que se iba muy tarde. Tampoco les gustaba que les pidiera a todos los estudiantes que respondieran una pregunta antes de entrar al salón. Sus colegas dudaban de sus métodos, pero estos empezaron a dar resultados asombrosos.

"Si él tiene tantos deseos de enseñarnos, nosotros podemos aprender", dijo uno de los estudiantes. Y eso fue lo que hicieron.

El primer año, dos de sus alumnos aprobaron el examen de matemáticas avanzadas, algo que nadie de Garfield había logrado antes. Al año siguiente, nueve estudiantes también tuvieron éxito. Un año después, el grupo de alumnos de Jaime que aprobaron fue tan grande, que los miembros del consejo de examinación pensaron que estaban haciendo trampa. Pero no era así, los jóvenes sólo se sentían inspirados porque un maestro por fin había creído en ellos.

Tiempo después, muchos de los alumnos de Jaime lograron entrar a la Universidad del Sur de California, y al sumarlos, resultó que eran más que todos los chicos de las demás escuelas locales en conjunto.

JAMES EARL JONES

(NACIDO EN 1931)

Aunque tal vez no conozcas su nombre, sin duda reconocerías a James Earl Jones porque les ha prestado su voz a personajes como Darth Vader de *La guerra de las galaxias*, Mufasa de *El rey león*, y el Gigante de *Jack y las habichuelas mágicas,* entre muchos otros. A James, sin embargo, no siempre se le facilitó usar su voz con confianza.

James fue criado por sus abuelos desde los cinco años. La vida con ellos fue tan difícil, que el chico desarrolló un fuerte tartamudeo que lo hizo negarse a hablar. James se mantuvo casi en completo silencio durante ocho años y no volvió a hablar hasta que su maestro de inglés descubrió su talento para la poesía.

"Es demasiado bueno para que lo hayas escrito tú —le dijo el maestro después de leer uno de sus poemas—, así que, por favor ponte de pie y recítalo de memoria para probar que es tuyo."

James recitó el poema sin tartamudear. Así recuperó su voz.

Luego fue a la universidad para estudiar medicina, pero poco después se dio cuenta de que lo que realmente deseaba era actuar, así que cambió sus cursos universitarios. Mientras estaba estudiando, James se reunió por primera vez con su padre, a quien no conocía, y él lo animó a enfocarse en la actuación.

Padre e hijo comenzaron a vivir juntos y para ganar dinero se dedicaron a pulir pisos en teatros al mismo tiempo que James hacía audiciones para conseguir papeles en obras.

Durante bastante tiempo James participó cargando una lanza en la producción de *Enrique V,* del Festival Shakespeare de Nueva York. Luego su papel creció y empezó a aparecer en la pantalla grande, en películas como *Conan el bárbaro* y *Campo de sueños*; así como en producciones teatrales como *Hamlet* y *Fences*. James interpretó una gran cantidad de personajes distintos.

En una ocasión, dijo: "Una de las cosas más difíciles en la vida es albergar en tu corazón palabras que no puedes pronunciar". James es prueba viviente de que no debemos renunciar a encontrar nuestra voz, incluso cuando parezca imposible hacerlo.

JAMIE OLIVER

(NACIDO EN 1975)

No lo llamaban el chef al desnudo porque no usara ropa,
sino porque creía que los alimentos debían cocinarse en su forma
más básica: sin salsas muy elaboradas, ni químicos extraños.
Sólo comida honesta... al desnudo.

Jamie empezó a cocinar a los ocho años en la cocina de Cricketers, el *pub* de sus padres. Para cuando tenía once años ya podía cortar tan rápido que sus manos parecían una nube. También podía transformar ingredientes simples en platillos deliciosos e impresionar a todos los adultos que trabajaban con él.

Para aprender más de la cocina, a los dieciséis años abandonó la preparatoria común y se inscribió en una institución técnica donde estudió todo lo relacionado con los alimentos y la nutrición. Después de eso obtuvo un empleo en un restaurante llamado River Café. Ahí lo conoció un productor de televisión que vio cierta chispa en él, y le ofreció tener su propio programa.

Gran Bretaña se enamoró de Jamie porque era divertido, encantador, ¡y porque la comida que preparaba se veía increíble!

Su programa tuvo mucho éxito, pero él quería retribuirle a la sociedad, así que abrió un restaurante llamado Fifteen y entrenó a jóvenes de origen humilde para trabajar ahí. Actualmente hay en todo el mundo restaurantes Fifteen que les ofrecen a los jóvenes una oportunidad que nunca soñaron.

Otro aspecto que le interesaba a Jamie era la comida que se servía en las escuelas. En lugar de recibir alimentos nutritivos y sanos, a los niños les daban comida llena de grasa. En vez de cuidarlos, las escuelas los estaban enfermando. Jamie trató de demostrar en su programa de televisión que la comida sana no tenía que ser costosa, aburrida ni aguada; podía ser brillante, emocionante y también económica. Gracias a su esfuerzo, las escuelas han modificado el tipo de alimentos que sirven, y los niños que los comen están más felices, sanos y concentrados.

Jamie tuvo la suerte de encontrar lo que le apasionaba desde muy niño, pero también mostró valor suficiente para aprovechar su pasión y hacer del mundo un lugar mejor.

"Lo que siempre quise fue que la comida fuera accesible para todos", explica.

JAYLEN ARNOLD

(NACIDO EN 2000)

Jaylen ha padecido el síndrome de Tourette desde que era pequeño. Esto significa que no siempre puede controlar su cuerpo. A veces emite sonidos sin proponérselo, y algunas partes de su cuerpo pueden retorcerse o sacudirse de forma inesperada. A estos movimientos se les llama tics.

Cuando estaba en la escuela, Jaylen trataba de evitar sus tics porque los otros niños los copiaban para burlarse de él o le ponían apodos. Entre más trataba de evitar los tics, peores eran. Finalmente, para que los niños lo dejaran en paz, su maestro lo hizo usar un letrero que explicaba que tenía un problema médico.

No sirvió de nada. El letrero sólo hizo más evidente su problema. Los niños no dejaron de molestarlo y, en consecuencia, sus tics empeoraron. De hecho llegaron a ser tan terribles que Jaylen empezó a hacerse moretones solo.

El chico dejó la escuela para tratar de recuperarse y cuando estuvo en casa pensó en todos los niños de Estados Unidos a quienes sus compañeros molestaban, pero tenían demasiado miedo de hablar al respecto. Jaylen quería ayudarlos, así que con el apoyo de sus padres abrió un sitio de internet que les daba a las víctimas del acoso escolar información sobre cómo lidiar con sus problemas. También quería que supieran que no estaban solos y que su situación mejoraría.

Jaylen no ha dejado de luchar contra el acoso escolar desde entonces. Visita escuelas y ofrece conferencias para miles de chicos. De esta forma no solamente ha apoyado a las víctimas del acoso, también ha ayudado a los acosadores a entender cuánto dolor pueden causar sus acciones a otros chicos.

Cuando Jaylen tenía dieciséis años voló a Inglaterra para recibir el Premio Princesa Diana de manos de los príncipes William y Harry. ¿Por qué? Porque estaba promoviendo algo que Diana siempre trató de enseñarles a sus dos hijos: el valor de hacer el bien.

JEAN-DOMINIQUE BAUBY

(1952-1997)

Una noche, Jean-Dominique iba en automóvil con su hijo Théophile al teatro. De pronto perdió el control de su cuerpo y el automóvil se deslizó y se salió por un lado de la calle. Théophile estaba aterrado, pero salió del vehículo y corrió en busca de ayuda. Su papá había sufrido un derrame cerebral: la sangre dejó de llegar a su cerebro.

Veintiséis días después, Jean-Dominique despertó.

Pero no podía moverse.

Todavía era capaz de pensar, escuchar y ver, pero no podía controlar ninguna parte de su cuerpo, excepto un párpado.

La situación le provocó un choque inmenso, desconcertante. Antes del accidente, era el editor en jefe de una de las revistas de moda más famosas de Francia. Manejaba automóviles muy veloces y comía en restaurantes de lujo. Tenía una esposa y dos niños a quienes adoraba. ¿Qué haría ahora?

La terapeuta de Jean-Dominique inventó un sistema de comunicación: tenía que parpadear una vez si quería decir "sí", y dos para decir "no". Luego el sistema evolucionó y el paciente pudo deletrear palabras y frases.

Jean-Dominique logró escribir todo un libro usando solamente su párpado. El libro se llama *La escafandra y la mariposa*, y en él, el antiguo editor explica que al principio tuvo dificultades para aceptar su nueva situación física, pero después aprendió a escapar a través de las aventuras en su mente.

"Mi mente vuela como una mariposa —dijo—. Hay mucho que hacer. Puedes vagar en el tiempo o el espacio, partir hacia la Tierra del Fuego, o a la corte del Rey Midas."

El libro llegó a ser uno de los más vendidos, luego lo hicieron película y gracias a ello, muchos científicos realizaron más investigaciones sobre esta enfermedad llamada síndrome del enclaustramiento.

Jean-Dominique demostró que, sin importar lo difícil que sea tu situación, siempre puedes marcar la diferencia en el mundo.

JESSE EISENBERG

(NACIDO EN 1983)

El primer año que fue a la escuela, Jesse lloró todos los días. Odiaba estar ahí. Era un niño nervioso y sensible que se preocupaba demasiado por todo. Estar en un salón de clases sólo empeoraba las cosas.

"No quiero ir", les decía a sus padres todos los días.

Pero tenía que hacerlo.

Un día alguien le preguntó si le gustaría actuar en una obra de teatro y él aceptó. A partir de entonces, todo cambió.

Mientras participó en la obra de teatro, Jesse cambió. Se convirtió en otra persona y se perdió en un mundo desconocido. Ahora podía ser Oliver Twist, el niño que corría por las sucias calles de Londres o el joven Scrooge que le ayudaba al Fantasma de las Navidades pasadas a darle una lección al Scrooge viejo, en la víspera de Navidad.

Jesse ya no se sentía ni preocupado ni nervioso porque ahora podía ser otra persona. Estar en el escenario y vivir la vida de alguien más era como un escape en el universo de las obras de teatro, él tenía el control. Todo mundo sabía lo que sucedería a continuación y él ya no se sentía tan indefenso.

El chico se cambió a una escuela donde enseñaban arte, música, baile y drama para enfocarse en la actuación. Actualmente actúa en películas de Hollywood, escribe libros y sigue montando obras de teatro.

De niño, Jesse dijo que cuando creciera sería astronauta o banana, pero hasta ahora ha sido supervillano, cazador de zombies, mago callejero y un raro perico llamado Blu.

Una vez le preguntaron: "¿Qué le dirías a Jesse niño respecto a ese sentimiento de angustia y nerviosismo?"

"Le diría que tener esos sentimientos no es lo peor del mundo —contestó—, aunque tal vez te parezca que así es."

¿Por qué no? "Porque estos sentimientos pueden venir acompañados de cualidades que te harán más sensible y te permitirán ver el mundo de una manera distinta a la de toda la demás gente."

JIM HENSON
(1936–1990)

Jim y su mejor amigo, Kermit, pasaban días enteros teniendo aventuras en el bosque y recogiendo animales que Jim luego llevaba a casa. Por eso su abuelita siempre tenía que revisar su silla antes de sentarse para asegurarse de que su nieto no hubiera dejado una tortuga o una rana ahí.

De toda la gente que Jim conocía, su abuela era la persona en quien más confiaba. Lo animaba a que empezara a trabajar en sus propios proyectos.

"¿Qué es lo que más te gusta hacer en la vida?", le preguntó a su nieto en una ocasión. Jim se esforzó y estuvo pensando mucho tiempo. "Marionetas" —le dijo—. "Quiero hacer marionetas."

"Entonces hazlo."

Jim tenía su propia manera de fabricar marionetas. En aquel tiempo la mayoría eran rígidas y estaban hechas de madera, pero él hacía las suyas con materiales flexibles como tela y hule para darles más vida y capacidad expresiva, para que se parecieran a las criaturas de la vida real que veía en el bosque.

Su primera marioneta la hizo con un abrigo viejo de su mamá, un trozo de cartón y dos pelotas de pingpong. Era una rana a la que llamó Kermit en honor a su mejor amigo (muchas personas también conocen a este personaje como la rana René o la rana Gustavo).

Jim fue a muchos lugares en busca de empleo. Finalmente, una estación local de televisión lo contrató para que se presentara con sus marionetas. A los productores no les importó que Jim todavía fuera estudiante porque, de hecho, gracias a eso podían pagarle menos.

El programa fue cancelado después de dos episodios, pero Jim impresionó tanto a todos, que lo invitaron a probar de nuevo, en un canal todavía más popular.

Acompañado de sus amigos, la Señorita Piggy, el Oso Fozzie, Gonzo y todas las otras marionetas conocidas como Los Muppets, Kermit apareció en programas de televisión y películas, y se convirtió en uno de los personajes más famosos del mundo. Las películas siguen exhibiéndose en cientos de países hoy en día. La rana Kermit, –también conocida como René o Gustavo–, les dio este consejo a todos los niños que veían *The Muppet Show*: "Que no hayas descubierto tu talento todavía, no quiere decir que no tengas uno."

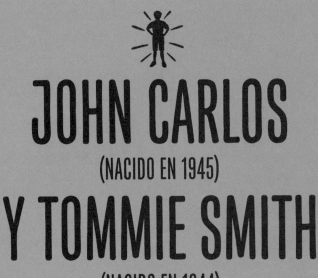

JOHN CARLOS
(NACIDO EN 1945)
Y TOMMIE SMITH
(NACIDO EN 1944)

Eran los Juegos Olímpicos de verano en México, en 1968, y las medallas estaban siendo entregadas a los ganadores de la carrera de 200 metros. De pronto, en lugar de que se oyeran los típicos aplausos ensordecedores, la multitud se quedó en absoluto silencio. Nadie podía creer lo que estaba viendo.

Dos estadounidenses negros, John Carlos y Tommie Smith, rompieron las reglas de la competencia e hicieron un gesto político. Ambos levantaron el puño para protestar por la manera en que trataban a la gente negra en Estados Unidos, su país. Querían mostrar que apoyaban a toda persona que luchara por la igualdad. Querían que el mundo supiera que aunque portaban el uniforme de Estados Unidos, no estaban orgullosos de lo que ahí sucedía.

Cuando el público se dio cuenta de lo que estaba pasando, empezó a abuchear, a lanzar objetos y a gritarles insultos racistas a los dos atletas. Los oficiales encargados los sacaron de ahí, los expulsaron del equipo estadounidense y les prohibieron volver a participar en los Juegos Olímpicos.

Después de eso, se les dificultó conseguir trabajo y algunas personas les enviaron amenazas de muerte a sus hogares. John sólo consiguió empleo como encargado de limpieza y guardia de seguridad. Una noche tuvo tanto frío y se sintió tan desesperado, que rompió sus muebles y les prendió fuego para mantenerse caliente. A sus hijos los molestaban en la escuela. En casa discutía tanto con su esposa, que terminaron separándose.

Ni John ni Tommie se arrepienten de lo que hicieron. Se convirtieron en leyendas y abrieron el camino para que los atletas del futuro hablaran en nombre de gente menos afortunada que tiene que luchar intensamente para lograr que su voz se escuche. Hoy en día hay estatuas de John y de Tommie en muchas universidades y museos de Estados Unidos. Estos atletas le demostraron al mundo que el poder del deporte también se podía usar para el bien.

JOHN GREEN

(NACIDO EN 1977)

John usaba aparatos de ortodoncia cuando era estudiante y por eso en la escuela lo molestaban y le dejaban moretones como los que uno prefiere ocultarles a sus padres. Para colmo, a Hank, su hermano, siempre le iba muy bien.

A medida que creció, John fue descubriendo que quería escribir libros para jóvenes, pero no quería dirigirse a sus lectores como si fueran bebés. Como había trabajado en un hospital para niños y jóvenes, estaba consciente de que ellos sabían sobre la vida y la muerte tanto como los adultos y también tenían muchas preguntas al respecto. Sabía que querían leer libros sobre esos temas.

Cuando se volvió escritor, John empezó a extrañar el tiempo que antes pasaba con la gente. Como ya casi no veía a Hank, le sugirió que durante todo un año se comunicaran a través de videos en YouTube y su hermano estuvo de acuerdo.

En los videos hablaban de ellos, de su vida, de ciencia, de pizza, de jirafas y de Harry Potter. Millones de jóvenes empezaron a verlos también. A través de foros y de las secciones para comentarios, los jóvenes del público se hicieron amigos y decidieron ponerse un nombre: los *Nerdfighters*.

Los *Nerdfighters* recaudaban dinero para obras de beneficencia, concientizaban a la gente respecto a distintas causas y se esforzaban por cuidarse entre ellos.

Una *Nerdfighter*, una chica muy tierna y graciosa llamada Esther, estaba enferma de cáncer cuando John se hizo su amigo. Luego Esther murió y John escribió un libro inspirado en su vida: *Bajo la misma estrella*. Con ayuda de los *Nerdfighters*, que le contaron a todo mundo lo que había sucedido, el libro se convirtió en un gran fenómeno de ventas y en una película muy exitosa.

John y su hermano son muy cercanos ahora. Una vez al año se dicen "Te quiero." Lo hacen precisamente el día del cumpleaños de Esther, un día que los *Nerdfighters* celebran en todo el mundo.

JOHN LENNON

(1940-1980)

En la década de los sesenta se libró una terrible guerra en Vietnam. El Norte y el Sur estaban enfrascados en una feroz batalla y cada lado contaba con otros países como sus poderosos aliados. Millones de jóvenes estadounidenses se alistaron para ir a luchar. Mientras se arrastraban entre el frío, húmedo y desconocido lodo de la selva, los aeroplanos dejaban caer bombas sobre los árboles que se erguían sobre ellos.

La vida era muy distinta para John, quien por mucho tiempo perteneció a una banda llamada Los Beatles, una de las más famosas que han existido. Sin embargo, Los Beatles acababan de separarse. Una vez que estuvo libre de su compromiso con la banda, John por fin pudo hacer lo que quería: tratar de ponerle fin a la Guerra de Vietnam y acercar a la gente del mundo a la paz.

Lo primero que hizo fue casarse con su novia Yoko Ono y luego se fueron juntos de luna de miel. La pareja, sin embargo, no fue a una playa hermosa en una isla, sino a un hotel en Ámsterdam. Ahí se metieron en la cama y se quedaron dos semanas. Todos los días invitaban a los periodistas a su habitación del hotel para hablarles sobre la paz y el amor.

Querían que los jóvenes supieran que había muchas maneras de protestar por las cosas con las que uno no está de acuerdo. Si es pacífica, cualquier acción puede convertirse en protesta: dejarte crecer el cabello, renunciar a tus vacaciones o quedarte sentado en silencio hasta que te escuchen.

John también luchó por la paz con su música, como lo demuestra su canción "Give Peace a Chance".

En 1969, medio millón de personas marcharon por las calles de Washington para protestar y cantaron la canción de John.

Cada uno de los manifestantes sostenía un letrero con el nombre de un soldado estadounidense o de un pueblo en Vietnam que había sido destruido. La lucha duró otros seis años y se perdieron más de un millón de vidas.

Desafortunadamente, la vida de John también llegó pronto a su fin porque un hombre le disparó, pero la gente no lo olvida. Todos los años, en la víspera de Año Nuevo, su canción "Imagine" se escucha en el centro de la ciudad de Nueva York. "Podrás decir que soy un soñador, pero no soy el único", canta John.

JOHN TYNDALL

(1820–1893)

Casi todos los días, cuando salía de clases, John caminaba a casa con su maestro, el director Conwill. En el camino hablaban de geometría y se detenían para hacer diagramas en la tierra y en la nieve de County Carlow, en Irlanda.

En su niñez John descubrió su amor por la naturaleza, el cual siguió creciendo cuando se mudó al extranjero para estudiar ciencias. John nunca se sentía tan vivo como cuando escalaba las atemorizantes pendientes de las montañas o cuando caminaba en los glaciares.

Sin embargo, las aventuras no eran solamente para explorar, también tomaba notas y reunía información. John se había percatado de que todo en la naturaleza tenía causa y efecto, y quería descifrar algunas de esas causas y efectos.

Como, ¿por qué el cielo es azul?

Para averiguarlo, John hizo un experimento. Tenía un tubo de vidrio (que sería el cielo), una luz blanca que brillaría a través del tubo (que sería el sol) y gas, el cual inyectaría lentamente en el tubo (para que fuera como el aire).

John descubrió que el gas en el tubo hacía que la luz se viera azul. Así llegó a la conclusión de que, ¡el cielo era azul debido a las diminutas partículas de aire que dispersan la luz del sol!

Pero no solamente el cielo es azul debido al fenómeno conocido ahora como efecto Tyndall, también sucede con los ojos azules de las personas y con la manera en que ves los faros frontales de un automóvil a través de la neblina.

A pesar de que John llegó a tener mucho éxito, nunca se olvidó de Irlanda ni de su primer maestro. Cuando el director Conwill se retiró, John ofreció pagarle una pensión para que pudiera vivir cómodamente. Incluso volvió a su antigua escuela y le dio una moneda de oro a cada alumno que le demostró que había comprendido alguna teoría matemática.

JORGE MUÑOZ

(NACIDO EN 1964)

Durante más de veinte años Jorge llevó niños a la escuela y de vuelta a casa en la ciudad de Nueva York. Su familia estaba en Colombia, pero Doris, su mamá, los había llevado a él y a su hermana Luz a Estados Unidos para empezar una vida nueva después de que su padre murió en un accidente.

Un día, después de dejar su autobús lleno de niños en la escuela, Jorge se puso a platicar con un grupo de hombres que estaban parados debajo de un puente. Eran inmigrantes de otros países igual que él. Los hombres le explicaron que todos los días se quedaban ahí, temblando en medio de las tormentas eléctricas o sudando por las oleadas de calor. Estaban a la espera de que los eligieran para hacer alguna labor manual y así ganar dinero y enviarlo a sus familias en sus países de origen. Le explicaron que eran tan pobres, que a veces no comían nada en varios días.

Al día siguiente, mientras Jorge se preparaba para ir a trabajar, empacó ocho almuerzos adicionales que luego repartió entre los trabajadores que esperaban debajo del puente.

Días después pasó por una fábrica de alimentos casi a la hora del cierre y vio que estaban tirando a la basura sobras de comida en perfectas condiciones.

Entonces preguntó en la fábrica si podía usarlas para alimentar a los trabajadores inmigrantes y le dijeron que sí.

Con ayuda de su mamá y de su hermana, Jorge compró un congelador tan grande que apenas cabía en su sala. Ahora, antes y después del trabajo, la familia cocina y entrega diariamente comidas calientes a los trabajadores. La mayor parte del dinero proviene de la paga que Jorge recibe como conductor de autobuses escolares.

Desde que todo empezó, Jorge y su familia han servido más de 100 000 comidas a gente necesitada. Ellos saben lo que es el hambre y extrañar tu hogar cuando estás en un país nuevo. Algunas de las personas del puente son pobres, no tienen casa y extrañan a su familia, pero al menos pueden contar con una comida sana y caliente gracias a la generosidad de Jorge.

JOSÉ RIZAL

(1861–1896)

Para cuando José Rizal nació, las islas de Filipinas llevaban casi 300 años de ser gobernadas por los españoles. Más adelante, José sería declarado héroe nacional.

Cuando estudiaba en la universidad, el joven sintió que a los estudiantes filipinos no los trataban tan bien como a los otros, así que se fue y navegó a España. En cuanto terminó sus estudios viajó por Europa y por primera vez en su vida tuvo libertad para escribir lo que realmente pensaba de los españoles que habían conquistado su tierra.

José escribió libros en los que hablaba sobre cómo explotaron a los filipinos, cómo les quitaron sus recursos y les impusieron una nueva religión. Dijo que Filipinas había sido una gran civilización hasta antes de que llegaran los españoles, y explicó que quienes construyeron Filipinas eran los filipinos, no los españoles.

Sus escritos atemorizaron al gobierno. Los españoles tenían miedo de que provocara una revuelta y que los filipinos los derrocaran.

A pesar de que su familia le advirtió que no volviera a casa, José regresó.

El gobierno inventó un crimen de inmediato, culpó a José y lo envió a vivir a una isla. Ahí dedicó su tiempo a mantener correspondencia con grandes líderes de todo el mundo y a escribir poesía, incluso descubrió tres especies de animales que ahora llevan su nombre.

Cuando empezó la revolución, José fue capturado y sentenciado a muerte. El día previo a su ejecución, le permitieron recibir la visita de su madre y sus hermanas, y él aprovechó para entregarles un poema en secreto.

El poema se llamaba "Mi último adiós".

Y comienza así: "Adiós, mi tierra adorada."

Cada vez que los soldados se preparaban para ir a la batalla y para luchar por la independencia de Filipinas, recitaban el poema. Hasta la fecha, los niños filipinos lo siguen aprendiendo.

JEFE JOSEPH

(1840–1904)

El verdadero nombre del Jefe Joseph era Hin-mah-too-yah-lat-kekt, que significa "Trueno que baja por la montaña". Era el líder de un grupo de nativos americanos que pertenecían a la tribu Nez Perce y vivían en el Valle Walloma.

Desde que llegó la gente del otro lado del océano con sus pistolas y sus espadas, los nativos americanos se vieron forzados a dejar la tierra en la que habían vivido en paz durante miles de años.

Cuando encontraron oro en las tierras de los Nez Perce, los recién llegados les dijeron que tendrían que mudarse a una reserva. Las reservas eran pequeños terrenos delimitados adonde los colonizadores enviaban a los nativos americanos para apoderarse de sus tierras y explotarlas.

El gobierno les dijo a los integrantes de la tribu que tenían treinta días para irse, o de lo contrario, habría una guerra.

La mayoría de los líderes estaban a favor de luchar. No querían dejar atrás a sus ancestros, sus hogares y todo lo que habían conocido hasta entonces, pero el Jefe Joseph dijo que él prefería despedirse a luchar.

Así fue como su grupo de Nez Perce inició un largo y peligroso viaje hacia el norte, con dirección a Canadá. Tenían la

esperanza de reunirse con el Jefe Toro Sentado y su tribu, quienes habían huido al norte después de una sangrienta y despiadada guerra.

Los Nez Perce viajaron tres meses, durante los cuales los colonizadores los persiguieron y los atacaron. Con habilidad e inteligencia lograron vencer a sus perseguidores y escapar, a pesar de que los colonizadores eran más y tenían mejores armas.

Después de una batalla de cinco días en medio de un clima helado y a unos cuantos kilómetros de la frontera canadiense, el Jefe Joseph fue obligado a rendirse. Le dijo a su pueblo: "Estoy cansado, mi corazón está enfermo y triste. Desde donde se encuentra ahora el sol, ya no volveré a pelear jamás."

Los Nez Perce fueron enviados a reservas. El Jefe Joseph pasó el resto de su vida haciendo campaña para que les permitieran a los nativos americanos volver a sus hogares y nunca dejó que el mundo olvidara cómo habían tratado a su gente.

KEN YEANG

(NACIDO EN 1948)

Ken tenía cuatro años cuando su padre lo llevó a ver la casa que estaba construyendo para su familia. Nunca olvidaría esa visita.

Cuando llegó el momento de elegir una carrera, el padre de Ken lo obligó a estudiar medicina, pero a él le seguían fascinando los edificios y persuadió a su padre de que lo dejara estudiar arquitectura.

En la década de los setenta, Ken fue uno de los primeros arquitectos que se enfocó en el diseño ecológico, es decir, la arquitectura que funciona en relación con la naturaleza. En lugar de demoler y reemplazar el mundo natural, Ken tenía la idea de diseñar edificios que se fusionaran con la naturaleza para que trabajara a su favor.

Sus edificios aprovechan el viento para proveer ventilación, el sol para proveer calor y luz, y la lluvia para refrescar. Además, están repletos de exuberantes jardines y terrazas de los que se desbordan las plantas que nacen de forma natural en cada entorno.

Ken incorpora estos jardines para evitar que sus edificios parezcan montículos de metal y vidrio construidos al azar sobre la superficie de la tierra. Quiere que sus edificios tengan un vínculo sólido con la naturaleza, que tengan vida.

El hogar de Ken, por ejemplo, se llama Casa Roof-Roof e incorpora todos estos elementos. Cuando la construyó, otros arquitectos se burlaron de él.

"No contraten a Ken —les decían a los clientes, señalando la Casa Roof-Roof—, les va a construir algo así de raro."

Hoy en día, la gente piensa que la casa de Ken estaba adelantada a su tiempo y la considera un ejemplo del tipo de diseño hacia el que tienen que aproximarse los arquitectos en la actualidad.

Recientemente, un periódico incluyó a Ken en una lista de las cincuenta personas que podrían salvar nuestro planeta. Ken sigue pensando que lo más importante de cualquier edificio es que haga feliz a la gente.

LIONEL MESSI

(NACIDO EN 1987)

A Lionel Messi le diagnosticaron una enfermedad llamada deficiencia de la hormona del crecimiento, cuando tenía once años. Esto significa que su cuerpo no estaba creciendo tan rápido como debía. Lionel necesitaba medicamentos costosos para atender su padecimiento, pero su papá trabajaba en una fábrica y su mamá limpiaba casas y no podían comprarlos.

Aunque Lionel era todavía muy pequeño, mostró un talento extraordinario como futbolista. Un equipo de su país, Argentina, quiso contratarlo, pero como no podían cubrir el costo de sus medicamentos, Lionel tuvo que rechazar el ofrecimiento.

Luego trató de jugar para el Barcelona. El entrenador quedó tan impresionado que el equipo estuvo de acuerdo en pagar su tratamiento. De hecho, la prisa del entrenador por contratarlo y ayudarlo a recuperar la salud era tanta que escribió el contrato en el papel más cercano que encontró: una servilleta del restaurante donde estaba comiendo con Lionel.

En muy poco tiempo Lionel demostró ser uno de los mejores futbolistas de la historia.

En 2012 rompió el récord de mayor número de goles en un año.

El récord anterior, vigente cuarenta años, era de ochenta y cinco goles. Ese año, Lionel anotó noventa y uno.

Cuando le pidieron que se fuera a la Premier League de Inglaterra, dijo que no. Luego le ofrecieron más dinero del que le habían dado a cualquier otro jugador para que se uniera a un equipo ruso, pero también se negó porque sentía que le debía su lealtad al Barcelona, el equipo que lo ayudó cuando era niño y cuando más lo necesitaba.

Y como Lionel sabe lo que significa necesitar ayuda, ahora hace campañas a favor de los derechos de los niños, tiene su propia asociación benéfica y dona dinero a hospitales para que puedan atender a los jóvenes que lo necesitan.

LOUIS ARMSTRONG
(1901–1971)

A los diez años Louis tuvo que dejar la escuela y trabajar para ganar dinero y ayudar a su familia. Cantaba en las calles y actuaba para los miembros de una familia judía adinerada, quienes fueron los primeros que lo alentaron a dedicarse a la música. Los Karnofsky le brindaron al pequeño Louis comida caliente, una cama cómoda, incluso dinero para comprar su primer instrumento: una corneta.

En la fiesta de la víspera de Año Nuevo, cuando tenía once años, Louis disparó al aire la pistola de su padrastro y fue arrestado. Lo llevaron a un hogar especial para niños. En ese lugar, Louis recibió su primera guía real sobre cómo tocar la corneta. A pesar de que estaba solo, muy triste y lejos de su familia, encontró alegría y una forma de escape en la música. Para cuando abandonó el hogar de niños, sabía exactamente lo que quería hacer el resto de su vida.

Louis siguió tocando y tiempo después lo descubrió King Oliver, el más famoso cornetista de jazz de aquel tiempo. King Oliver se hizo su mentor y a partir de entonces Louis fue por todos lados tocando música con toda la gente que podía y en todos los lugares que se lo permitían.

En una sesión de grabación, se le cayó la partitura donde estaba escrita la letra de la canción, pero en lugar de hacer una pausa para recogerla, siguió cantando con sonidos que fue improvisando. Por accidente Louis acababa de inventar un tipo de interpretación musical completamente nuevo: el canto en *scat* o *scat singing*.

Cuando los bares de jazz empezaron a cerrar sus puertas debido a la Gran Depresión, Louis ya tocaba también la trompeta y era tan famoso que podía hacer giras por todo el mundo. Llegó a tocar 300 conciertos en un año y grabó cientos de álbumes con las bandas más importantes de su tiempo.

A pesar de todo su trabajo, Louis siempre encontraba tiempo para atender a su familia, incluso adoptó a un sobrino con discapacidad cuando su primo falleció.

Gracias a Louis, la música de jazz alcanzó gran popularidad en todo el planeta. Una revista lo llamó: "El más grande regalo de Estados Unidos para el mundo."

En homenaje a la familia Karnofsky, Louis siempre portaba una estrella de David y con frecuencia incluía melodías rusas en su música. Llegó a ser uno de los músicos más famosos del mundo, pero tal vez no lo hubiera logrado sin ese primer apoyo.

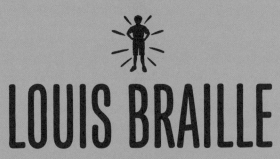

LOUIS BRAILLE

(1809–1852)

Louis nació en Francia, en 1809, en una casita en el campo donde su papá fabricaba sillas de montar. A Louis le encantaba ver a su papá trabajar. Un día tomó una herramienta y trató de imitarlo, pero la herramienta se le resbaló y lo golpeó en la cara.

Entonces Louis quedó ciego.

Lo enviaron a la escuela para ciegos y ahí demostró que era inteligente, pero se enojaba por lo mucho que se le dificultaban las cosas.

Después de graduarse, Louis se quedó en la escuela, se hizo profesor y trabajó con niños ciegos. Quería mejorar sus vidas y que la gente que no tenía problemas de visión dejara de hablar de los ciegos como si fueran estúpidos o lentos.

"No necesitamos su lástima —decía—, deben tratarnos como sus iguales y eso se puede lograr a través de la comunicación."

En una ocasión, Louis escuchó a un capitán del ejército francés hablar sobre algo llamado escritura nocturna. Se trataba de un sistema que los soldados utilizaban para enviar mensajes sin tener que hablar en el campo de batalla. Era una serie de puntos y rayas en relieve que uno podía sentir con los dedos.

Entonces Louis tuvo una idea.

Tomó la misma herramienta que lo había dejado ciego y la usó para hacer pequeñas perforaciones en papel. Así creó el sistema que ahora llamamos Braille. El sistema Braille servía para escribir y leer con facilidad y también era sencillo usarlo en los libros.

Hoy en día, la gente ciega de todo el mundo usa el sistema Braille. Algunos músicos famosos han aprendido a leer partituras con él. Se han publicado nuevos libros en Braille y se usa en las cajas registradoras de las tiendas, en las exhibiciones en los museos y en los semáforos para que los ciegos tengan libertad para vivir como todas las demás personas.

LUDWIG VAN BEETHOVEN

(1770–1827)

Los vecinos decían que con frecuencia veían a un hombre empujar a su hijo hacia el piano y que el niño lloraba porque lo forzaba a tocar. Decían que el niño era tan pequeño que tenía que pararse en un banco para alcanzar las teclas.

El hombre golpeaba a su hijo, lo encerraba en el sótano y le impedía dormir, incluso cuando estaba tan cansado que le costaba trabajo mantener los ojos abiertos.

En la escuela, las cosas no iban mucho mejor. Como el niño tenía dislexia, le costaba trabajo manejar las palabras. Para él, la música siempre fue mucho más sencilla y a pesar del duro trato que recibía de su padre, siempre tenía deseos de volver a casa y perderse en las notas.

El niño creció y se convirtió en hombre. Escribía música nueva todos los días y difícilmente separaba las manos del piano. Para cuando se hizo adulto, sin embargo, su timidez se había vuelto tan profunda que le causó gran sufrimiento, de hecho, le impidió casarse y tener hijos.

Un día el hombre notó que se estaba quedando sordo y su descubrimiento lo sumergió en una profunda y oscura tristeza. ¿Cómo compondría música si ya no podía escuchar? ¿Y que haría ahora que ya no podía componer música?

Lo más asombroso es que, incluso cuando ya había perdido la audición por completo, el hombre siguió componiendo. De hecho, su música más bella la compuso cuando ya no podía escuchar nada.

El niño que lloraba frente al piano y el hombre en que se convirtió, se llamaba Ludwig van Beethoven, y mucha gente lo considera el más grande compositor de todos los tiempos.

LUIGI CIOTTI

(NACIDO EN 1945)

Sicilia es una isla italiana triangular con playas doradas, aguas color turquesa y pueblos antiguos. En los últimos cien años ha sido gobernada casi totalmente por la mafia: un grupo de despiadados y violentos criminales que harían cualquier cosa por dinero.

En Sicilia, a todos les aterra la mafia. Para mantenerse a salvo, los ciudadanos tienen que pagar, y cualquiera que se atreva a enfrentar a los criminales, puede ser asesinado. ¿Pero entonces quién atrapará a los asesinos, si todos, hasta la policía, le tienen miedo a la mafia?

Todos excepto Luigi.

Luigi creció en el norte de Italia y siempre supo que quería ayudar a la gente. Estudió para ser sacerdote y cuando terminó le asignaron una iglesia. Luigi trabajó incansablemente para ayudar a los pobres, a quienes no tenían hogar y a los desempleados, sin importar cuánto se esforzara, su trabajo no hacía ninguna diferencia porque la mafia seguía a cargo. Los criminales controlaban todos los negocios y todo el dinero.

Un día, los mafiosos mataron a un juez que se opuso a ellos y entonces Luigi fundó un movimiento para responder y luchar. El movimiento se llama Libera, que en italiano significa "libre".

Libera ha convertido antiguos edificios y terrenos de la mafia en campamentos de verano para jóvenes, en restaurantes, granjas y centros para personas con discapacidad en los que la gente puede trabajar de manera legítima y recibir una paga honesta por su labor. Libera hace campañas a favor de que se redacten nuevas leyes que sirvan para eliminar a la mafia. Tratan de proteger a la gente a la que los mafiosos podrían lastimar, y cada año, sus integrantes se reúnen para recordar a las víctimas de la violencia siciliana.

Naturalmente, la mafia odia a Luigi.

Un día, la policía estaba escuchando las conversaciones telefónicas de la mafia: "¿Deberíamos matarlo?", preguntaron los criminales refiriéndose a Luigi.

Cuando la policía le informó al sacerdote, él dijo que no se sentía atemorizado y hasta la fecha sigue enfrentando el peligro para proteger a los italianos que llevan demasiado tiempo gobernados por el miedo. Es hora de que recuperen su país.

MAHATMA GANDHI
(1869–1948)

En 1858, después de una violenta y sangrienta rebelión, el ejército británico asumió el control de la India. Los británicos trajeron algunas cosas buenas con ellos, como los medicamentos y las vías ferroviarias, pero también les dispararon a indios inocentes y provocaron que millones de personas murieran de hambre.

Treinta años después, un joven de diecinueve años llamado Mahatma Gandhi viajó a Inglaterra para estudiar Derecho. Tras obtener su título consiguió un empleo y fue enviado a trabajar a Sudáfrica con su familia.

Gandhi quedó estupefacto al ver el racismo en Sudáfrica. Un día lo golpearon y lo aventaron de un tren por negarse a cederle su asiento a una persona blanca.

Este maltrato hizo que al joven abogado se le ocurriera un nuevo tipo de acción llamado *satyagraha*.

Satyagraha significa "la fuerza de la verdad", y quien la usa está obligado a no permitir la violencia y a sólo decir la verdad. De acuerdo con Gandhi, la no-violencia no significa que se tenga miedo de pelear, se trata de un tipo distinto de lucha. Es una lucha con el corazón y la mente, en la que te niegas a esconderte, a correr o a atacar a otros con armas.

Cuando volvió a la India, Gandhi les enseñó a sus compatriotas todo sobre esta nueva táctica y ellos la adoptaron para luchar contra los británicos. Los indios organizaron protestas, dejaron de comprar artículos británicos e ignoraron las leyes que les decían lo que podían hacer y lo que no.

En una demostración, cantidades incontables de indios se dieron la media vuelta para oponerse en silencio a la gente que los gobernaba. Cuando los arrestaron, los indios fueron tranquilamente a las cárceles y otros ocuparon su lugar en la manifestación. Llegó un momento en que las cárceles estuvieron tan llenas que los británicos se vieron forzados a liberar a todos.

Finalmente, en 1947, la India obtuvo su independencia y los británicos navegaron de vuelta a casa.

MOHED ALTRAD

(NACIDO EN 1948)

Mohed creció en una tribu que perseguía a las lluvias en el desierto sirio porque, dondequiera que llovía, las plantas crecían y las cabras, los camellos y los corderos tenían algo que comer.

Era una vida complicada. La madre de Mohed murió joven y después le siguió su único hermano. Su padre no le hablaba para nada. Al niño lo crió su abuela, quien le advirtió que cuando creciera tendría que ser pastor.

"Pero yo quiero ir a la escuela", le dijo él.

"No seas tonto —contestó su abuela—. Los pastores no van a la escuela."

Mohed no quiso escuchar. En las mañanas corría descalzo sobre la ardiente arena del desierto para ir en secreto a la escuela, donde los otros niños lo molestaban por ser pobre. Él los ignoraba porque sabía que la educación era lo único que le permitiría escapar de ahí.

Mohed se esforzó tanto que ganó la oportunidad de ir a estudiar a Francia. En cuanto llegó se dio cuenta de que casi no entendía nada de lo que decían los maestros y era tan pobre que sólo podía comer una vez al día.

De todas maneras siguió esforzándose hasta que su francés mejoró y logró graduarse con un título que le ayudó a conseguir empleo.

Mohed ahorró y ahorró, y pudo comprar una empresa que estaba a punto de quebrar. Le cambió el nombre y le puso Altrad, su apellido. Luego trabajó intensamente para hacerla resurgir. Hoy en día Altrad tiene un millón de clientes en cien países, y 17 000 empleados que se ocupan de todo.

Mohed se demostró, y a todos los demás, que no importa dónde nazcas ni las expectativas que tengan los otros de ti: simplemente no hay límite para lo que puedes lograr.

MOHAMED ALI
(1942–2016)

Cuando a Mohamed le robaron su bicicleta, le dijo a un policía
que quería pelear con el ladrón cuando lo encontraran,
sin importar quien fuera.

"Bien —dijo el policía—, pero antes de empezar a desafiar a la gente deberías aprender a pelear correctamente." Resulta que el policía entrenaba a jóvenes boxeadores en un gimnasio local al que Mohamed se inscribió de inmediato.

Mohamed demostró ser un chico comprometido y talentoso, y poco después ya todos intuían que sería campeón mundial. Entre más peleaba, más improbable parecía que alguien pudiera vencerlo.

A medida que se hizo famoso, también se volvió más espiritual. En 1964 se convirtió a la religión islámica porque sentía que el cristianismo les había sido impuesto a las personas negras durante el esclavismo y él quería tener una religión propia.

Como en ese tiempo se estaba librando la Guerra de Vietnam, un día le informaron a Mohamed que tendría que ir a combatir, pero él se negó, en parte, por su religión. "La palabra Islam significa *paz*", les explicó.

Mohamed fue arrestado por su desobediencia. Lo despojaron de sus títulos de boxeo y de su licencia para pelear y le prohibieron pelear durante los siguientes tres años, que habrían sido los mejores de su carrera.

"Mi conciencia no me permitiría ir en nombre del gran y poderoso Estados Unidos a dispararle en medio del fango a un hermano —dijo Mohamed—, ni a gente más oscura, ni a personas hambrientas. Además, ¿dispararles para qué?

Cuando Mohamed por fin volvió al *ring*, se convirtió en el primer boxeador en ganar el campeonato de peso pesado en tres ocasiones.

Luego envejeció y tuvo que dejar el boxeo. La enfermedad de Parkinson lo hizo más lento, pero él nunca dejó de viajar por el mundo para dar a conocer sus mensajes de paz.

DR. NAIF AL MUTAWA

En 1979 Naif pasó el verano en el Campamento Robin Hood,
a la orilla de un enorme lago en Estados Unidos. Ahí fue donde abrió
por primera vez un cómic y se perdió en el mundo de los superhéroes.

Cuando volvió a su hogar en Kuwait, Naif se percató de que no había personajes musulmanes en ninguno de los cómics que estaba leyendo. Entonces decidió que cuando creciera sería escritor de historietas para crear esos personajes, pero su papá le advirtió que debía estudiar una materia más útil. Naif estuvo de acuerdo, pero nunca olvidó su sueño.

Y en 2007, lo hizo realidad.

Los 99 son un equipo de superhéroes de todo el mundo. A cada uno le corresponde el nombre de uno de los noventa y nueve atributos de Alá, que es el nombre musulmán de Dios.

Estos superhéroes obtuvieron sus poderes tras encontrar piedras mágicas que alguien dispersó en secreto por el mundo, cientos de años atrás. Las piedras fueron creadas por los bibliotecarios de Bagdad para preservar la sabiduría de la ciudad después de que la destruyeron los invasores.

Mujiba la Respondedora, es uno de los personajes. Esta superheroína tiene respuestas para todo y utiliza una mascada en la cabeza como muchas de las chicas musulmanas.

Darr el Atribulador, usa una silla de ruedas y puede manipular los nervios de la gente.

Los 99 luchan contra sus enemigos sin usar la violencia. De la misma forma que lo hace su religión, Los 99 enseñan la paz.

Naif quería darles sus propios superhéroes a los chicos y las chicas de la religión musulmana. También quería que la gente del mundo comprendiera mejor el Islam y viera que es distinto a lo que a veces se muestra en los programas de noticias.

Hasta la fecha se han vendido miles de copias de los cómics de Naif. También se hizo un programa de televisión basado en sus historias y las organizaciones reparten los cómics entre los niños de los campos de refugiados.

Naif ha recibido amenazas de muerte debido a Los 99, pero también mucha gente lo ha felicitado. El presidente Obama le agradeció por inspirar a tantos jóvenes musulmanes y por hacerles saber que ellos también pueden ser superhéroes.

NEIL DEGRASSE TYSON

(NACIDO EN 1958)

Neil tenía nueve años cuando visitó por primera vez
el Planetario Hayden y descubrió la astronomía.

Para cuando cumplió once años, en lugar de jugar con otros niños prefería arrastrar su telescopio hasta el techo de su casa y observar el infinito cielo nocturno. Se veía tan raro allá arriba que los vecinos a veces llamaban a la policía, pero Neil estaba aprendiendo mucho. Tanto, que a los quince años le pidieron que diera una conferencia sobre astrofísica.

Luego entró a la universidad, pero no permitió que el espacio ocupara todo su tiempo. También practicó canotaje, lucha grecorromana y baile, y fue editor de una publicación llamada *Physical Science*. Sus investigaciones se enfocaron en la vida de las estrellas, en la Vía Láctea, los agujeros negros y el universo. Gracias a estas investigaciones recibió una invitación para trabajar en la política de exploración espacial de Estados Unidos, labor que le valió una medalla otorgada por la NASA.

Neil demostró que no solamente era hábil para investigar el espacio, sino también para explicárselo a otras personas. Fue el anfitrión del programa de televisión *Cosmos: una odisea en el espacio*, en el que les presentó los misterios del universo a los jóvenes de la nueva generación.

Neil se volvió tan popular que incluso apareció en el número 14 de la serie *Action Comics*, en el que, con ayuda de un telescopio, le permite a Superman ver por un instante el planeta donde nació.

A los treinta y siete años Neil se convirtió en el director más joven del Planetario Hayden, el mismo que visitaba de niño.

Neil sigue asombrándose cada vez que levanta la vista, observa el cielo nocturno y piensa en todas las estrellas, los planetas y las galaxias distantes que están ahí esperando ser descubiertos.

NELSON MANDELA

(1918–2013)

En los siglos diecisiete y dieciocho, los colonizadores británicos y holandeses empezaron a llegar a Sudáfrica y a despojar a los negros nativos de todo su poder, sus recursos y su tierra. Para 1948, los blancos ya controlaban el gobierno y no les permitían a los sudafricanos negros votar, interactuar con la gente blanca, ni mudarse fuera de las áreas delimitadas donde vivían.

Nelson, cuyo nombre en realidad significa "alborotador" en un dialecto sudafricano, nació en un pequeño pueblo en 1918. Al ver la forma en que maltrataban a su gente se sintió muy perturbado y decidió unirse a distintos grupos para luchar contra este problema, acción que le valió ser expulsado de la universidad.

Luego se unió a un grupo llamado Congreso Nacional Africano e hizo campaña con ellos.

El gobierno declaró que Nelson era un terrorista, así que lo arrestaron, lo acusaron de traición y lo metieron a la cárcel. Sus enemigos pidieron que fuera ejecutado, pero el juez lo condenó a cadena perpetua.

Nelson era tan conocido por su activismo que mientras estuvo en la cárcel la gente del mundo empezó a notar lo mal que trataban a la gente negra en Sudáfrica y presionó al gobierno blanco para que lo liberara. Muchos años después, el presidente blanco Frederik de Klerk lo dejó en libertad.

"Si quieres hacer la paz con tu enemigo —decía Nelson—, debes trabajar con él."

Y eso fue lo que hizo. Con Frederik, Nelson escribió leyes nuevas que les darían los mismos derechos a los sudafricanos de todos los colores.

Nelson pasó veintisiete años en la cárcel, pero en 1994 llegó a ser el primer presidente elegido democráticamente de su país. Y en todo ese tiempo, nunca se dio por vencido.

NICHOLAS WINTON

(1909–2015)

En diciembre de 1938 Nicholas recibió una llamada. Su amigo quería cancelar el viaje que habían planeado para ir a esquiar.

"Mejor deberíamos ir a Praga —le dijo—. Hay algo que tienes que ver."

Lo que Nicholas vio cuando llegó ahí fueron los cientos de refugiados que acababan de escapar de Alemania. La mayoría eran judíos que huyeron porque los nazis que controlaban Alemania los estaban cazando para llevarlos a campos de concentración y matarlos. Sólo por su religión. Cuando llegaron a Praga no tenían dinero ni alimentos. No tenían dónde vivir ni un lugar a dónde ir.

Nicholas supo que, al menos, tenía que tratar de hacer algo.

Desde la habitación de un hotel empezó a tomar fotografías y a anotar nombres y detalles de los niños refugiados para ayudarles a llegar a Inglaterra. Cuando volvió a Londres recaudó fondos para los niños y buscó familias que pudieran albergarlos.

Para agosto de 1939 había logrado llevar 669 niños a Gran Bretaña. Un mes después fueron cerradas todas las fronteras alemanas y los nazis asesinaron a la mayoría de las familias cuyos niños habían logrado escapar.

Nadie supo realmente lo que había hecho Nicholas sino hasta cincuenta años después, cuando su esposa encontró en su ático un libro con los nombres de todos los niños y le pidió a un programa de televisión que le ayudara a buscarlos. Los productores invitaron a Nicholas al programa, pero él no sabía qué hacía ahí. Su esposa y los productores no le habían dicho nada y no tenía idea de lo que le esperaba.

Cuando estaba sentado entre el público, el presentador dijo: "¡Ponte de pie si le debes la vida a Nicholas Winton!"

Y toda la gente sentada alrededor de Nicholas se puso de pie.

Los niños ahora eran adultos y se lo debían a él.

NICK VUJICIC
(NACIDO EN 1982)

A Nick le gusta lanzarse en paracaídas, practicar futbol y natación. También pinta y escribe libros. Incluso apareció en la portada de la revista *Surfer* como el primer surfista en hacer un giro de 360 grados.

Nick, por cierto, nació sin brazos ni piernas.

Los médicos se quedaron atónitos cuando su madre lo dio a luz. No estaban preparados para la situación de Nick y no entendían qué la había provocado.

Nick fue muy infeliz en su niñez, se sentía solo y enojado. No le parecía justo que le hubiera tocado un cuerpo distinto al de todos los demás y estaba preocupado porque sentía que nunca podría vivir de la forma que deseaba. Se preguntó qué sentido tenía todo. Se preguntó qué debería hacer con su vida.

Un día, leyó un artículo sobre un hombre con discapacidad que inspiró a miles de personas con sus discursos sobre cómo superar la adversidad y pensó que le gustaría hacer lo mismo. Su primera conferencia la dio en una sala con trescientos estudiantes de catorce años aproximadamente.

Nick estaba tan nervioso que temblaba, pero después de algunos minutos casi todos los estudiantes empezaron a llorar. Una niña levantó la mano.

"Lamento interrumpirte —dijo—, pero ¿puedo acercarme para darte un abrazo?"

Cuando se abrazaron, la niña le murmuró al oído que nadie le había dicho que era hermosa tal como era, precisamente lo que les acababa de explicar Nick a los niños en la sala.

A partir de entonces Nick supo lo que quería hacer. Hasta la fecha ha viajado a cuarenta y cuatro países y ha ofrecido más de tres mil conferencias. Adonde quiera que va, inspira y conmueve a la gente. Les dice a todos que son hermosos y que hay alguien que los ama, incluso cuando no lo parece.

"Cuando piensas que no eres suficientemente valioso —dice Nick—, te estás engañando. Cada vez que piensas que no vales nada, te estás engañando."

NIKOLA TESLA

(1856–1943)

En un pequeño pueblo de Croacia, en medio de una ensordecedora tormenta, nació un niño llamado Nikola. La partera se preocupó, creía que los relámpagos eran una mala señal.

"Este niño será un niño de la oscuridad", dijo.

"No —respondió la madre de Nikola—, será un niño de la luz."

Desde muy pequeño, Nikola tuvo grandes planes. Después de ver un dibujo de las Cataratas del Niágara, tres de las caídas de agua más potentes del mundo, le dijo a su tía que algún día pondría una rueda gigante debajo de las cataratas y las usaría para generar energía.

Cuando creció se mudó a Estados Unidos para dar marcha a sus planes.

Mientras estuvo ahí, los gérmenes y los objetos redondos llegaron a provocarle muchísimo miedo. Por eso nunca saludaba a nadie de mano. También se obsesionó con el número tres, por lo que antes de entrar a cualquier edificio, le daba tres vueltas. ¡Ah!, y tampoco podía hablar con nadie que llevara perlas puestas.

Hoy en día, los médicos tal vez le diagnosticarían a Nikola lo que se conoce como desorden obsesivo compulsivo, pero en su tiempo, él mismo decía que su comportamiento era señal de que podía enfocarse mejor en sus investigaciones.

Que era justamente lo que hacía.

En su laboratorio Nikola llevaba a cabo experimentos extraños y peligrosos. Hizo una máquina de terremotos, controlaba puntiagudos rayos morados de electricidad con sus manos y hasta trató de inventar una máquina del tiempo.

Hacia el final de su vida Nikola había inventado más de setecientas cosas nuevas, entre ellas el control remoto, las lámparas de neón, la radio, los rayos láser y un nuevo tipo de motor. ¡Y adivina qué más hizo! Logró controlar la fuerza de las Cataratas del Niágara y la usó para iluminar ciudades enteras.

OSCAR WILDE

(1854–1900)

Isola Wilde murió inesperadamente días antes de cumplir diez años. Oscar, su hermano, quedó devastado. Como no sabía qué más hacer, pasaba largos periodos sentado junto a su tumba contándole historias.

Cuando Oscar creció se convirtió en un famoso poeta y dramaturgo; con frecuencia la gente lo veía caminando por ahí, vestido con ropas extrañas en las que insertaba enormes flores de adorno. Lo conocían en todos los lugares porque era muy divertido y ruidoso, y porque tenía confianza en él. Pero la gente decía que cada vez que empezaba a hablar de su hermana, lo cual hacía con frecuencia, se tornaba callado y tímido.

Uno de sus poemas más famosos lo escribió para ella. Los primeros versos dicen:

Pisa con ligereza, que ella está cerca,

bajo la nieve.

Habla con suavidad, que puede oír

las margaritas crecer.

Oscar era gay. Se enamoró de un joven *lord*, pero el padre del chico era cruel e intolerante. Fue por su intervención que Oscar fue llevado a juicio, declarado culpable y sentenciado a dos años de trabajos forzados en prisión. Cuando salió, el poeta se mudó a Francia. Estaba enfermo y había caído en la pobreza. Murió algunos años después. No fue sino hasta después de su muerte que la gente empezó a notar su obra. Desde entonces, sus poemas y sus obras de teatro han sido representados, estudiados y convertidos en películas en todo el mundo.

Hasta hace no mucho, quienes visitaban su tumba solían pintarse los labios con lápiz color rojo brillante y dejar besos marcados en todos lados, pero luego los encargados del cementerio colocaron una cubierta de vidrio alrededor de la tumba. Los admiradores de Oscar ahora se sientan y le hablan de la misma manera que él lo hacía en la tumba de su hermana.

"Estamos todos en el fango —dijo alguna vez—, pero algunos miramos las estrellas."

PATCH ADAMS

(NACIDO EN 1945)

A Patch lo molestaban en la escuela por ser diferente y por oponerse al racismo que veía a su alrededor. Debido al maltrato de sus compañeros, terminó en el hospital en tres ocasiones. Para la tercera visita, Patch ya tenía dieciocho años y decidió que cuando saliera, empezaría una revolución para propagar la felicidad.

Como hubo un tiempo en que se le dificultaba estar rodeado de gente, se propuso hacer experimentos con la amistad. Marcaba números al azar en su teléfono y hablaba con la gente que le contestaba hasta que se hacía su amigo. Entablaba conversaciones con desconocidos en la calle y en los elevadores, subía todos los pisos que fuera necesario para lograr que la gente se presentara y riera con los otros.

Patch se hizo médico y payaso. Abrió su propio hospital y lo llamó Instituto Gesundheit! (es lo que dicen los alemanes cuando alguien estornuda), su objetivo no era solamente sanar a sus pacientes, sino también hacerlos felices.

Actualmente viaja por todo el mundo ofreciendo conferencias y presentaciones como médico y como payaso.

Patch no cree que sus trabajos sean dos actividades distintas porque, para él, la risa es una de las mejores medicinas. Ayuda a que la sangre fluya, fortalece tu corazón y hasta le puede ayudar a tu cuerpo a luchar contra las enfermedades.

Si quieres colaborar para que el mundo sea un mejor lugar, puedes seguir los consejos de Patch: sé tonto en público, usa ropa graciosa, se amigable con toda la gente que conozcas y recoge la basura que veas tirada en tu ciudad.

"Todos podemos hacer algo —dice Patch—, sólo tienes que decidirte, sumergirte en un trabajo por la paz y la justicia, y preocuparte por todas las personas del planeta."

PERCY SHELLEY

(1792–1822)

Percy no entendía de deportes, no sabía cómo hablar con otros chicos, y pasaba la mayor parte del tiempo inmerso en los libros. En la escuela lo acosaban y eso lo hacía enojar, pero su enojo empeoraba el maltrato. En una ocasión le enterró un tenedor a otro chico y empezaron a llamarlo el Loco Shelley. Se sintió más solo que nunca. Era como si un monstruo se apoderara constantemente de él.

Cuando se mudó a la universidad, Percy encontró por fin un compañero. El par de amigos se desvelaban, discutían y trabajaban en proyectos conjuntos. Uno de esos proyectos fue un libro en el que explicaron por qué no podían creer en Dios, esto causó que los expulsaran de la universidad.

El padre de Percy estaba furioso, pero se enojó todavía más cuando, en lugar de solicitar un lugar en otras universidades, Percy huyó a Escocia con una de las amigas de su hermana. Mientras estuvo ahí, pasó el tiempo garabateando pensamientos y poemas que lanzó al mundo en barquitos de papel, botellas de vidrio y diminutos globos de aire caliente.

Luego conoció a otra mujer: Mary.

Mary y Percy huyeron a París y de ahí siguieron recorriendo Europa a pie. Mientras caminaban se leían libros en voz alta y por la noche, ambos escribían. Percy trabajó en poemas que ahora son algunos de los más hermosos e importantes escritos en lengua inglesa; Mary escribió un libro llamado *Frankenstein* sobre un grotesco monstruo y el científico que lo creó.

Percy se hizo amigo de Byron y Keats, dos poetas fundamentales de su tiempo, juntos pasaban los días leyendo, escribiendo y remando.

SHYNESS CLINIC

PHILIP ZIMBARDO

(NACIDO EN 1933)

Philip es psicólogo, lo que significa que estudia la manera en que la gente piensa, siente y actúa. Cuando tenía cinco años enfermó gravemente y pasó mucho, mucho tiempo en el hospital. La soledad que sintió ahí provocó que le dieran ganas de ayudar a la gente a ser feliz en la vida.

Philip se enfoca principalmente en los sucesos inesperados. Por ejemplo, ¿por qué una persona buena haría algo malo en cierta situación? ¿Por qué una persona inteligente haría algo ilógico?

Philip estudia estos fenómenos para tratar de ayudar a las personas a sentirse mejor respecto a ellas.

Una de las formas en que lo logró fue fundando la Clínica de la timidez, con la que quiso ayudar a quienes eran tímidos cuando se veían rodeados de otras personas. En la opinión de Philip, la timidez puede aparecer en la gente cuando ésta no se siente muy segura. Tal vez se sienten así porque otros los presionan para que les vaya bien y sean exitosos. Posiblemente las personas tímidas creen que no podrán cumplir con este tipo de expectativas.

Pero Philip piensa que están equivocadas. Y para probarlo dio inició al proyecto Heroic Imagination.

A través de varios años de estudio, Philip aprendió que todos podemos ser héroes. Un héroe es alguien que de manera consciente decide ayudar a otros. La decisión puede ser interponerse entre un bravucón y su víctima, o reunir dinero para construir pozos para los niños de África. Un héroe es cualquier persona que hace un sacrificio por otros.

De acuerdo con Philip, no hay gente completamente buena ni completamente mala. A veces, cuando estamos en situaciones difíciles, hacemos cosas de las que después nos arrepentimos. Otras ocasiones, cuando la situación es buena, nos resulta más sencillo comportarnos adecuadamente. Sin embargo, un verdadero héroe va contra la corriente para mostrar su amabilidad cuando otros no lo hacen, y lucha por lo que es correcto cuando los demás se cruzan de brazos.

RAIN

(NACIDO EN 1982)

Rain despertó a medianoche. Tenía sed, así que extendió el brazo para tomar el vaso junto a su cama. Bebió agua. Tenía un sabor extraño. Encendió la luz y vio una cucaracha flotando.

Rain pertenecía a una familia pobre de Corea. Una vez pasó cinco días sin comer. Eran tan pobres que su mamá murió a causa de una enfermedad porque no tuvieron dinero para pagar su tratamiento. Rain recuerda que cuando estaban en el hospital tomó la mano de su madre y su casero apareció de repente para decirle que le había rentado a otra familia el cuarto donde vivían. Rain se arrodilló y le imploró que les devolviera el lugar. ¿Adónde irían ahora? Pero el casero no quiso escucharlo.

Rain se encerró en el baño y lloró. Desde ese momento estuvo decidido a triunfar. Su mamá ya no estaba con ellos, pero él cuidaría a su hermana y a su padre. Nadie volvería a tratarlos mal, jamás.

Rain empezó a bailar.

Al principio no era muy bueno, pero practicó y practicó durante horas todos los días a pesar de que con frecuencia tenía el estómago vacío. Trabajó como bailarín de apoyo y como asistente, también cantó en una banda de chicos. En las audiciones todos estaban de acuerdo en que tenía talento, pero lo rechazaban porque les parecía que sus ojos tenían una forma peculiar.

Rain por fin consiguió su oportunidad. Bailó por horas en una audición para una estrella de *pop* coreano y la estrella lo contrató. Gracias a eso Rain pudo lanzar su propio sencillo, y éste llegó al primer lugar de popularidad. Después hubo más sencillos y una serie de televisión, y Rain se convirtió en el primer coreano en aparecer en una película de Hollywood. Ahora es una de las estrellas de *pop* más importantes de todos los tiempos.

"Sólo hay dos razones por las que trabajo con tanto empeño —dice Rain—: para no volver a tener hambre y por la promesa que me hice cuando mi madre murió."

RALPH LAUREN
(NACIDO EN 1939)

Ralph les vendía corbatas confeccionadas a mano a los chicos de su escuela y así juntaba dinero para comprarse ropa. Pero Ralph no quería trajes ordinarios, desde muy joven quiso vestir trajes extravagantes y de gran estilo.

Su familia no podía comprarle ropa nueva. Su mamá se quedaba en casa para cuidarlo a él y a sus tres hermanos mientras su papá trabajaba pintando casas. Para escapar de la abarrotada casa de su familia, Ralph iba solo al cine y se sumergía en la fantasía de las películas. Soñaba que vivía la interesante y lujosa vida de los personajes y tenía muchas ganas de salir a conocer el mundo.

Cuando terminó sus estudios sirvió dos años en el ejército y después empezó a trabajar en una empresa que fabricaba trajes. En ese tiempo todos usaban el mismo tipo de prendas, pero la ropa de Ralph era muy extravagante. A la gente de la empresa donde trabajaba le parecía que sus diseños eran muy raros. Se negaron a dejarlo trabajar en sus propios proyectos, pero él lo hizo de todas maneras y diseñó corbatas anchas que, en ese tiempo, no se consideraba que

estuvieran a la moda. Al principio las tiendas no querían ofrecerlas a sus clientes, pero tiempo después, gracias a la persistencia de Ralph y a la calidad de sus diseños, se volvieron increíblemente populares y eso le ayudó a lanzar su propia empresa: Polo.

Las corbatas se vendieron muy bien y Ralph lanzó más artículos al mercado. Entre ellos, su famosa camisa polo y una línea para mujeres. La empresa captó muchísima más atención cuando Ralph diseñó el vestuario para las películas *Annie Hall* (1977) y *El Gran Gatsby* (1974), que eran parecidas a las películas que veía cuando quería escapar de su vida ordinaria.

Hasta la fecha, Ralph Lauren sigue siendo una de las marcas de moda más importantes del mundo. La puedes reconocer por su logo: un hombre a caballo jugando polo.

RIC O'BARRY

(NACIDO EN 1939)

Los delfines juegan a alcanzarse por diversión, usan herramientas para encontrar comida y se comunican con su propio lenguaje. Algunas personas creen que son casi tan inteligentes como los humanos.

Ric trabajaba en un centro de vida marina: capturaba y entrenaba delfines con fines de entretenimiento. Los delfines eran obligados a presentarse en televisión y en espectáculos en vivo; tenían que saltar y atravesar aros, girar en el aire y saludar con sus aletas a los ruidosos espectadores. Con frecuencia venían celebridades a visitar el centro y Ric ganaba mucho dinero. Su vida era emocionante y glamorosa.

Un día, sin embargo, uno de los delfines con los que trabajaba, murió a pesar de que todavía era muy joven. Ric sabía que eso no habría pasado si hubiera estado en el mar. Se molestó tanto que renunció a su trabajo y decidió dedicar su vida a liberar a estas criaturas inteligentes.

Con ayuda de un amigo fundó el Dolphin Project. Su objetivo era aprender lo más posible sobre los delfines y revertir el entrenamiento de los que vivían en los centros de vida marina y en los acuarios públicos para llevarlos de nuevo al mar y liberarlos. Los bebés delfines que nacen en cautiverio llegan al mundo en estrechos tanques de vidrio y no saben lo que se siente saltar en el mar, perseguir barcos y cazar su propia comida. Lo único que hacen es aburrirse y presentar espectáculos para los humanos. Si los liberaran en su medio ambiente natural, no sobrevivirían sin el tipo de ayuda que ofrecen Ric y su equipo.

"En un mundo en el que hemos perdido tanto de lo que es salvaje y libre —dice Ric—, debemos liberar a estos hermosos animales para que naden como deberían hacerlo y como lo harán."

RICK GENEST

(NACIDO EN 1985)

A Rick siempre le fascinó el arte corporal. Compraba goma de mascar sólo para conseguir los tatuajes falsos que venían en las envolturas.

Rick sólo tenía quince años cuando se enteró de que tenía un tumor cerebral. Los médicos le dijeron que existía la posibilidad de que muriera y eso lo hizo pensar en la muerte y en temas sombríos. Aunque sobrevivió al tumor, su interés en la muerte continuó. Tiempo después decidió combinarlo con su pasión por el arte corporal.

Después de su primer tatuaje, un cráneo con huesos cruzados, Rick se obsesionó y siguió tatuándose hasta que las imágenes cubrieron todo su cuerpo.

La gente empezó a detenerlo en la calle para tomarle fotos porque su aspecto era en verdad sorprendente. Otras personas le decían cosas crueles, pero Rick sabía que cuando uno decide ser uno mismo, siempre hay alguien que te va a molestar.

"Yo no hice esto para ser diferente —explicaba—, lo hice para ser sólo yo."

Una vez, un circo itinerante pasó por su ciudad y Rick se unió al equipo. Lo llamaron Zombie Boy. Actuaba al lado de Lizard Man, un hombre que tenía la lengua partida en dos como lagarto, y de Vampire Woman, una mujer con los dientes afilados como vampiro. Era un trabajo difícil, pero al menos había encontrado un lugar donde sentía que encajaba.

Un día, un amigo le preguntó si quería disfrazarse y posar para que le tomaran algunas fotografías. Rick aceptó y un diseñador de modas mundialmente famoso vio las fotos en la revista que las publicó. En ese momento hizo que Rick volara a París y ahí dio inicio una nueva carrera para el chico.

Ahora Rick es modelo internacional. Ha participado en películas de Hollywood y en videos musicales, además hay un muñeco infantil igual a él. Ya no cree que es un chico raro y monstruoso. Ahora siente que es él y la gente lo quiere por ello.

RICK VAN BEEK

Maddy, la hija de Rick, tenía dos meses de edad cuando le diagnosticaron parálisis cerebral. La pequeña no podría mover ningún músculo y siempre tendría problemas para pensar y aprender.

A pesar de que Maddy no podía hablar, a Rick le parecía obvio que le gustara salir de casa. Le encantaba la brisa, los árboles y el agua. Todo fue aún más claro cuando un amigo la arrastró en un carrito en un maratón. Rick vio lo feliz que se sintió su hija y decidió hacer algunos cambios.

Al día siguiente dejó de fumar y empezó a hacer ejercicio.

Cuando Maddy tenía trece años, Rick completó un triatlón con ella. La primera parte del triatlón es el nado, la segunda es la prueba de ciclismo y la tercera es una carrera. Para la parte de natación, Rick transportó a Maddy en una canoa; para la parte de ciclismo la remolcó en un carrito

y durante la carrera la cargó en sus brazos. La multitud los vitoreó a cada paso del camino y cuando cruzaron la meta juntos, todos se emocionaron muchísimo.

La gente le dice a Rick que es inspirador, pero él siempre responde que todo tiene que ver con Maddy. Ella fue quien lo inspiró a él. Juntos forman el Equipo Maddy y han completado todo tipo de carreras en las que, de paso, reúnen dinero para obras benéficas.

¿Pero cómo lo logra Rick?

"Ella es mi corazón y yo soy sus piernas", dice orgulloso.

ROALD AMUNDSEN
(1872-1928)

Cuando era niño, Roald soñaba con ser explorador. Se imaginaba atravesando la gran superficie polar aún inexplorada y se veía como la primera persona en llegar al Polo Norte.

Pero eso jamás sucedería porque su madre le hizo prometer que no correría aventuras peligrosas y que estudiaría medicina.

"Muy bien —dijo Roald—, no iré."

Cuando su madre murió, Roald se sintió devastado, pero pensó que por fin podría ser explorador. Para prepararse para sus viajes dormía con todas las ventanas de la casa abiertas, en medio del helado invierno. También visitaba a la gente de las etnias nativas que vivían en el norte. Ellos le enseñaron a usar las pieles de los animales para protegerse del frío y a controlar a los perros que jalaban trineos en la nieve.

Era una labor difícil, pero Roald todavía quería ser la primera persona en llegar al Polo Norte. Enfocó toda su energía en la preparación de su expedición hasta que se enteró de la terrible noticia: un hombre llamado Robert Peary le había ganado.

Como Roald no quería darse por vencido, en lugar de ir al norte cambió el curso de la expedición en secreto y trató de ser la primera persona en llegar al Polo Sur. Sería muy difícil porque había un famoso explorador inglés llamado Capitán Scott que ya estaba tratando de llegar y le llevaba ventaja.

Pero Roald fue más veloz.

Con cuatro personas, cuatro trineos, cincuenta y dos perros y muchísima determinación, se convirtió en la primera persona en llegar al Polo Sur.

Roald aprovechó la fama que acababa de conseguir por su logro y construyó una enorme aeronave para volar al Polo Norte y cumplir su sueño. Tiempo después la gente descubrió que, en realidad, Robert Peary nunca estuvo ahí, por lo que, finalmente, Roald fue el primero en llegar al Polo Norte después de todo.

ROALD DAHL
(1916–1990)

Los padres de Roald lo enviaron a un internado cuando era niño.
Al chico no le agradaban las reglas, pero sí que la gente de Cadbury's
mandara sus nuevos chocolates a su salón de clases para que él y sus
compañeros los probaran y dieran su opinión.

A pesar de que a Roald no le fue muy bien en la preparatoria, su madre ofreció pagar sus estudios universitarios.

"No, gracias —contestó él—, quiero salir de la escuela y trabajar directamente en una empresa que me enviará a maravillosos lugares lejanos como África o China."

Y eso fue lo que hizo hasta que estalló la guerra. Entonces se enlistó como piloto de combate y empezó a volar sobre las islas del Mediterráneo.

Su avión se estrelló en Egipto y él salió arrastrándose de los restos en llamas: lastimado, pero vivo. Después del accidente, lo enviaron a trabajar a Estados Unidos. Cuando llegó, la gente le pidió que escribiera historias para revistas y periódicos sobre sus experiencias como piloto. Al principio eso hizo, luego se percató de que sus relatos se habían vuelto cada vez más fantasiosos, hasta incluir extrañas criaturas que se embarcaban en aventuras mágicas.

Roald tuvo cinco hijos. Le gustaba sentarse con ellos e inventar historias que les contaba antes de ir a dormir. Las

historias fueron publicadas en varios libros que ahora se venden en todo el mundo y los personajes de Roald son los favoritos de muchos niños.

Un buen ejemplo es Matilda Wormwood, una niña que descubre que tiene poderes psicoquinéticos y los usa para vencer a los adultos que maltratan a los niños. O Sophie, quien hace equipo con el Gran Gigante Bonachón comedor de pepinásperos, para dar fin a los gigantes malvados que comen frijoles humanos. O Charlie Bucket, el niño que gana un boleto para visitar una fábrica de chocolates mágica, parecida al lugar que, en la imaginación de Roald, le enviaba todos esos chocolates a la escuela cuando era niño.

"Quienes no creen en la magia, nunca la encontrarán", decía Roald.

Cuando murió, Roald fue enterrado con chocolates, vino y un serrucho. Hasta la fecha los niños visitan su tumba para saludarlo y agradecerle sus historias.

RYAN HRELJAC

(NACIDO EN 1991)

Un día, cuando Ryan tenía seis años, su maestra dio una lección sobre África. Explicó que en algunos lugares del continente, a la gente le era casi imposible conseguir agua potable. Y si la gente, en especial los niños, no tienen agua, pueden enfermarse y morir.

Ryan quedó estupefacto. Lo único que él tenía que hacer si quería beber agua, era caminar a la cocina y abrir la llave.

Entonces supo que tenía que ayudar.

Después de investigar un poco, encontró una organización llamada WaterCan que podía ayudar a las familias africanas porque cavaba pozos profundos y usaba bombas para sacar agua limpia del subsuelo. El problema era que construir los pozos costaba mucho dinero. Ryan empezó a hacer más tareas en casa y a ahorrar todo el dinero que ganaba, pero no era suficiente. Tenía que pensar en grande.

Ryan habló con la gente, recaudó dinero en la escuela e hizo todo lo que pudo para reunir fondos. Finalmente consiguió suficiente para un pozo.

Pero no se detuvo ahí. Fundó su propia asociación, siguió recaudando dinero y viajó por todo el mundo para reunirse con celebridades, donantes y los niños a los que siempre había querido ayudar.

Su asociación, Ryan's Well Foundation ya tiene más de dieciocho años y ha ayudado a 900 000 personas a conseguir agua limpia en África.

Una vez alguien le preguntó si había recibido alguna enseñanza y él contestó que había aprendido que el mundo era un gran rompecabezas en el que todos eran como piezas que trataban de encontrar su lugar. "Supongo que mi pieza encaja en la búsqueda de agua limpia —dijo—, sólo espero que todos los demás también encuentren su lugar."

SALVADOR DALÍ

(1904–1989)

En la escuela, Salvador siempre se enojaba o actuaba de una manera muy peculiar y los otros niños lo maltrataban mucho por eso. Lucía y se comportaba tan extravagantemente que no lo comprendían.

La situación no mejoró mucho cuando comenzó a estudiar en la escuela de arte y a pasar la mayor parte del tiempo soñando. Más adelante lo expulsaron por armar alboroto.

Salvador viajó a París para afinar sus habilidades en compañía de otros artistas. Hizo películas, esculturas y excéntricas pinturas como sacadas de sueños, en las que los relojes se derretían y los elefantes vagaban entre las nubes con patas tan largas como rascacielos.

A todos les gustaban sus pinturas. Al igual que Salvador, eran algo completamente distinto a lo que el público había visto hasta entonces. Las actitudes raras por las que solían molestarlo, terminaron siendo las mismas por las que la gente ahora lo celebraba. A todos les emocionaba que fuera tan estrafalario.

Una vez llenó su automóvil con cientos de coliflores y manejó por las calles de París regalándoselas a la gente.

En otra ocasión dio una conferencia vestido con un traje de buzo. Su mascota era un ocelote: un felino corpulento parecido al puma, pero con manchas alargadas. Cada vez que lo llevaba a los restaurantes, los comensales se aterraban. Él les decía que no tuvieran miedo que era solamente un gato normal al que le había "pintado encima".

Salvador era tan popular, que todo tipo de gente, lugares y empresas querían tener una parte de su obra. Si alguna vez has comido una paleta *Chupa Chups*, entonces ya conoces el arte de Salvador porque él diseñó el logo de la marca.

Salvador llegó a ser una de las figuras más icónicas y amadas de la historia del arte, gracias a que siempre fue fiel a sí mismo.

SERGEI POLUNIN

(NACIDO EN 1989)

Desde que tenía diez años, Sergei podía girar por el aire, volar como si colgara de hilos y doblarse como si fuera de arcilla.

Creció en un pequeño pueblo de Ucrania. El lugar era tan pequeño, que su mamá le dijo que lo único respecto a lo que podría elegir sería el tipo de col que quería para cenar y que si en verdad deseaba hacer algo con su vida tendría que ir a otro sitio.

Pero la familia de Sergei era pobre y mudarse no sería sencillo. Finalmente, su padre fue a trabajar a Portugal. Juntaría dinero y lo enviaría a casa para que luego Sergei y su madre se fueran a vivir a una ciudad grande donde él pudiera estudiar ballet.

Como estar separados fue difícil y triste, sus padres terminaron divorciándose.

Cuando tenía trece años, Sergei ganó un lugar en la Royal Ballet School de Londres y se mudó a la ciudad para estudiar ballet. A los diecinueve llegó a ser el bailarín principal más joven del Royal Ballet. Ganó premios y medallas. La gente decía que, posiblemente, era el mejor bailarín vivo.

Pero nada de eso lo hacía feliz.

Sergei siempre creyó que si ganaba suficiente dinero bailando podría volver a reunir a su familia, pero no fue posible. Y de hecho, ya tampoco quería bailar.

Por eso un día se fue a medio ensayo y no volvió.

La siguiente vez que la gente lo vio fue en el video musical de una banda de rock. En el video Sergei baila solo en un viejo granero abandonado. Ha sido visto más de dieciocho millones de veces.

Ahora Sergei organiza sus bailes y espectáculos con sus propios bailarines y amigos. Prefiere hacer las cosas a su manera.

SIDDHARTHA GAUTAMA

(HACIA 480 A.C.- 400 A.C.)

Siddhartha era príncipe. Nació en un país llamado Nepal, en un gran palacio rodeado de altas murallas. Sus padres, el rey y la reina, querían protegerlo del mundo exterior. La única vida que querían que conociera incluía ropa hermosa, grandes manjares y felices días de descanso.

Siddhartha creció sin conocer el dolor, el sufrimiento o la pobreza; luego se casó con una hermosa princesa que vivió con él en el palacio.

Sin embargo, cada vez le daba más y más curiosidad el mundo exterior. Un día le ordenó al conductor de su cuadriga que lo llevara al pueblo, cuando llegó, quedó anonadado por lo que encontró.

Primero vio a un anciano y supo que con el paso del tiempo la gente se volvía frágil.

Luego vio a un hombre enfermo y supo que a cualquier persona la puede afligir la enfermedad.

Finalmente vio a un hombre muerto y supo que todos morimos algún día.

Al ver todas estas cosas, Siddhartha comprendió lo inútil y carente de significado que era su vida en el palacio.

Se quitó sus finas ropas y salió de su hogar para siempre, aventurándose en el mundo sin nada entre las manos.

Siddhartha llegó hasta un gran árbol y se sentó a meditar bajo su sombra durante cuarenta y nueve días. Después de ese tiempo, compartió todo lo que había aprendido con cinco personas que viajaron a lugares lejanos de todo el mundo para dar a conocer las noticias de una nueva religión: el budismo.

El budismo habla de la no violencia, de la compasión, del perdón y de la tolerancia. Proclama que el mundo está lleno de una miseria producida por el deseo. Si dejáramos de desear cosas, ya no nos sentiríamos infelices y miserables.

STEPHEN HAWKING

(1942–2018)

A Stephen le aburría la preparatoria, por eso se emocionó mucho cuando terminó y pudo irse a Cambridge para estudiar en la universidad y aprender sobre cosmología, la ciencia que estudia todo lo relacionado con nuestro universo.

Stephen tenía muchas preguntas importantes. ¿Cómo se creó el universo? ¿Y por qué? ¿Qué hubo antes de eso? ¿Qué son exactamente los agujeros negros?

La mente de Stephen era verdaderamente especial y su trabajo impresionó a todos en poco tiempo.

Cuando tenía veintiún años, su familia y sus amigos empezaron a notar que se tropezaba mucho y a veces no podía controlar su manera de hablar. Todos comenzaron a preocuparse. Lo enviaron con un médico que le diagnosticó una enfermedad llamada esclerosis lateral amiotrófica o ELA. En pocas palabras, el cuerpo de Stephen se estaba apagando poco a poco. Los médicos le dijeron que sólo le quedaban dos años de vida; y en cuanto escuchó eso retomó el estudio y se sumergió en su investigación del cosmos.

Más de cincuenta años después, Stephen seguía vivo y se había convertido en uno de los físicos más importantes del mundo.

Aunque estaba confinado a una silla de ruedas, no se podía mover y necesitaba una computadora para hablar, nunca dejó de investigar para tratar de probar la teoría del todo: una sola idea que explicaría la existencia del universo y de todo lo que contiene.

Stephen también se dio tiempo para escribir un famoso libro llamado *Breve historia del tiempo*, que le dio a mucha gente del mundo la oportunidad de asomarse por primera vez a los misterios del tiempo y el espacio.

A medida que su enfermedad avanzaba, Stephen trató de pasar más tiempo con sus hijos y sus nietos, y continuó investigando y viajando para dar conferencias sobre el cosmos.

"Por más difícil que parezca la vida —decía—, siempre puedes hacer algo y tener éxito en ello. Lo importante es que no te des por vencido."

STEVE IRWIN
(1962–2006)

Steve y sus dos hermanas crecieron rodeados de cocodrilos, serpientes, lagartos, koalas y muchos otros tipos de animales. Sus padres dirigían un parque de vida salvaje. Por suerte, Steve amaba a los animales tanto como sus padres. Cuando cumplió seis años le dieron una serpiente pitón como regalo. A los nueve, ya atrapaba cocodrilos con su papá.

Cuando creció, Steve continuó trabajando, atrapaba a los cocodrilos que se salían del pantano y se acercaban demasiado a las poblaciones. Cuando los capturaba, los llevaba al parque para que vivieran ahí sin que nadie los molestara.

A Steve le gustaban tanto los cocodrilos, que cuando se casó, en lugar de volar a una playa tranquila en su luna de miel, fue con su esposa a la selva. La pareja pasó sus vacaciones buscando animales y filmando sus aventuras. La gente de un canal de televisión vio los videos y le pidió a Steve que hiciera una serie. La llamaron *El cazador de cocodrilos*.

En el programa, Steve y su esposa le presentaban al público australiano todo tipo de criaturas peculiares y letales, desde serpientes y arañas, hasta aves y escarabajos.

"¡Válgame! —Gritaba Steve con su acento australiano, mirando el interior de las fauces de un lagarto gigante—. ¡Miren esta belleza!"

Cada año, el aventurero donaba un millón de dólares a una asociación benéfica que compraba enormes terrenos en Australia para tratar de restituirlos a su estado natural. La conservación era lo que verdaderamente le apasionaba a Steve. Aunque sus programas eran entretenidos, su objetivo era que la gente les prestara atención a los animales.

Steve no quería que su público siguiera pensando que ciertos animales eran atemorizantes o peligrosos. Quería que la gente supiera que eran criaturas hermosas y que los humanos tenemos la responsabilidad de cuidarlas, no sólo por ellas, también por nosotros.

Desafortunadamente, murió en 2006 mientras filmaba un documental sobre rayas.

Su padre dijo que a Steve no le habría gustado morir de ninguna otra manera.

STEVEN SPIELBERG

(NACIDO EN 1946)

Steven tuvo una niñez difícil. Su familia era judía y sus vecinos y sus compañeros en la escuela lo insultaban con gritos por ello.

Una noche se escabulló de su habitación y cubrió las ventanas de todos sus vecinos con crema de cacahuate. Cuando los vecinos confrontaron a su mamá, ella se rio y les dijo que estaba orgullosa de su hijo, pero a Steven de todas formas le causó algunos problemas ser judío.

Por suerte, descubrió que cuando hacía películas, se podía olvidar de todo eso. Le encantaba usar la cámara casera que había en casa para hacer videos de los campamentos familiares y las fiestas de cumpleaños. Para filmar su primera película hizo chocar sus trenes de juguete. Luego se dio cuenta de que le gustaba mucho más escribir guiones y filmar que jugar con los otros niños en la escuela.

Cuando creció, Steven se hizo director de cine y se volvió famoso. Hizo películas sobre tiburones asesinos, alienígenas, dinosaurios y viajes en el tiempo, pero tiempo después se percató de que no había hecho ninguna sobre el judaísmo.

Entonces escuchó la historia de Oskar Schindler. En la Segunda Guerra Mundial, cuando los nazis mataban judíos en cantidades enormes, Oskar salvó la vida de más de mil. Los contrataba para que trabajaran en sus fábricas y luego les pagaba muchísimo dinero a los nazis para que no se llevaran a sus empleados. Steven comprendió que era una historia importante que necesitaba ser contada.

La historia era tan trascendente, que Steven consideró que no era suficientemente bueno para dirigirla, así que les preguntó a otros si podrían hacerlo, pero le dijeron que no. Entonces viajó por toda Polonia para conocer los lugares de la verdadera historia.

"La vida judía se desbordó de nuevo en mi corazón —dijo Steven—. Lloré todo el tiempo."

Cuando la película se presentó en los cines, ganó más de veinte premios. Ahora está catalogada como una de las mejores películas de los últimos cien años.

STORMZY
(NACIDO EN 1993)

A diferencia de otros niños, Stormzy pasaba sus vacaciones escolares en la biblioteca, leyendo. Aunque no se daba cuenta entonces, los libros le estaban enseñando a usar las palabras de la manera más poderosa, original e inteligente posible.

Stormzy dejó la preparatoria a los diecisiete años para hacer un curso de ingeniería, pero su mente siempre estaba en otro lugar.

"La ingeniería era una opción segura y sensata —dijo—, pero lo que yo amaba, lo que quería hacer, era música."

El joven dejó el curso y regresó a vivir a casa de su mamá, donde grabó un álbum llamado *Dreamers Disease*. Lo hizo sin el apoyo de una disquera y sin contar con un manager, pero de todas formas ganó un premio MOBO. Después de eso la gente le dijo que necesitaba tener un contrato con una disquera porque, si no, nunca tocarían su música en la radio ni entraría a las listas de popularidad.

Pero estaban equivocados.

Stormzy reunió a sus amigos en un estacionamiento y grabó un video para su canción "Shut Up". La canción ocupó los primeros lugares de las listas y vendió más de medio millón de copias. El video fue visto más de sesenta millones de veces en YouTube.

Stormzy se convirtió en una de las grandes estrellas de Inglaterra. Sacó el *rap* británico de las calles y lo llevó a las listas de popularidad. Era distinto a otros raperos porque no hablaba de autos ni de dinero, sino de su mamá, de lo mucho que quiere a la cantante Adele y de que a veces se siente tan triste que no sabe qué hacer.

Lo que más desea Stormzy es inspirar a toda una generación de jóvenes negros que sienten que los han dejado atrás. Él los llama "mis jóvenes reyes negros", y esto es lo que quiere que sepan: "Pueden hacerlo, pueden ser mejor de lo que les han dicho que son. Ustedes son tan fuertes como yo."

SWAMPY

(NACIDO EN 1973)

Nadie sabe mucho sobre Daniel Hooper, mejor conocido como Swampy. Lo único de lo que la gente está segura, es que nació en una familia común, en un pueblo normal de Inglaterra, y que protege nuestro planeta con ferocidad.

Cuando el gobierno anunció sus planes para construir una nueva carretera en la campiña de Berkshire, la gente enfureció porque sabía que muchos antiguos y preciosos robles, hayas y fresnos serían derribados.

Para protestar, Swampy y otros cientos de personas fueron al lugar donde se estaba construyendo la nueva carretera y montaron campamentos con nombres como Pueblo de las Hadas, Hotel de los Corazones Rotos y Puente Tambaleante. La gente se quedó ahí sin electricidad ni agua corriente, pero todos buscaban alimentos y comían juntos. Construyeron casas con la madera de los árboles y les llamaron *twigloos* porque eran como iglús de ramitas, también hicieron otras casas al nivel del suelo a las que llamaron *benders*.

Los funcionarios del gobierno no estaban felices. Como no podían construir su carretera y el retraso les estaba costando mucho dinero, enviaron a su gente para que sacara a los manifestantes.

Pero Swampy y sus amigos tuvieron una idea. Cavaron un laberinto de túneles subterráneos y se escondieron en ellos. Vivieron ahí toda una semana hasta que los atraparon. Swampy fue el último en salir.

"Siento que ésta es la única manera de hacer escuchar tu voz hoy en día", les dijo a los periodistas mientras los policías lo alejaban del lugar.

Los manifestantes no ganaron, pero sí lograron ser escuchados. Swampy apareció en televisión y radio, y compartió su mensaje. Le dijo a la gente que debía vivir en armonía con la naturaleza. Gracias a eso, el gobierno empezó a buscar maneras de construir sus nuevos caminos sin atravesar ni dañar las antiguas zonas de la campiña.

TAIKA WAITITI

(NACIDO EN 1975)

A Taika le encantaban los superhéroes y los cómics, pero nunca veía en ellos a gente como él.

Su padre es maorí. Así se les llama a las primeras personas que vivieron en las islas de Nueva Zelanda. Los maoríes tienen su propia lengua y creencias, así como una cultura muy rica. Practican el arte a través de actividades como el tallado en madera, el baile, el canto y el tatuado facial, y creen que descienden de dos de los dioses originales: el Padre Cielo y la Madre Tierra.

A pesar de su cultura e historia, Taika siempre sintió que a los maoríes no se les representaba adecuadamente en las películas y en la televisión. Cada vez que aparecían personajes maoríes, eran guerreros o tipos rudos; nunca eran divertidos ni parecían reales.

"En nuestra cultura normalmente no aceptamos a los bufones. Tampoco hay tontos ni nerds maoríes", dijo Taika.

Por eso se propuso acoger a este tipo de personajes.

El director escribió y dirigió una película sobre un chico maorí que adora a Michael Jackson, extraña a su papá y pasa mucho tiempo hablando con su cabra. Luego dirigió otra llamada *Hunt for the Wilderpeople*, que trata de un chico maorí que adora el *hip-hop* y termina huyendo de la policía en el bosque, acompañado de un anciano malhumorado.

Ambas películas son muy divertidas y conmovedoras, y captaron la atención de gente de todo el mundo. Gracias a eso, le pidieron a Taika que dirigiera una importante película de superhéroes en Hollywood. La película se llama *Thor* y trata sobre el rey del trueno y su intento por impedir la destrucción de la civilización. Taika le mostró al mundo otra faceta de los maoríes y, al mismo tiempo, creó su propio universo de cómics.

TANK MAN: EL HOMBRE DEL TANQUE

En el verano de 1989, miles de estudiantes marcharon en la capital de China. Protestaban en contra de su injusto gobierno. Llevaban años viendo a los ricos volverse cada vez más ricos y a los pobres tener cada vez menos, mientras los funcionarios del gobierno sólo se cuidaban ellos.

Los días pasaron y más y más gente se unió a las protestas. Se reunieron en un lugar llamado Plaza de Tiananmén. Algunos hicieron huelga de hambre. Una de las estrellas *pop* más importantes de China se presentó para dar un concierto.

El gobierno se asustó y envió soldados para que les dispararan a los manifestantes. Mataron a muchísimos.

Al día siguiente aparecieron tanques de guerra circulando por las calles para impedir que alguien volviera a protestar.

Pero de repente se detuvieron.

Un hombre con camisa blanca, pantalones negros y dos bolsas de comestibles en las manos, se había plantado frente al tanque principal. Cuando éste trató de esquivarlo para avanzar, el hombre se movió hacia un lado y volvió a bloquearle el camino. Esto sucedió varias veces hasta que el tanque apagó el motor.

Entonces aparecieron dos individuos vestidos de azul y se llevaron al hombre.

Todo el suceso fue captado en una fotografía que se convirtió en uno de los símbolos más poderosos que existen en la actualidad, el de la resistencia ante la injusticia: un hombre solo, enfrentándose no nada más a una hilera de tanques, sino al cruel gobierno que los puso ahí.

Nadie sabe quién es el Hombre del Tanque, también conocido como Tank Man, ni qué le sucedió. Algunos dicen que lo arrestaron, otros aseguran que fue asesinado y otros más cuentan que escapó. Nunca lo sabremos con certeza.

TENZING NORGAY

(1914–1986)

A las 11:30 horas del 29 de mayo de 1953, Tenzing Norgay y Edmund Hillary se convirtieron en las primeras personas en llegar a la cima de la montaña más alta del mundo, el Monte Éverest. Allá arriba, entre las nubes, rodeado de glaciares gigantes y soportando el ataque de los fuertes vientos, Edmund extendió solemnemente el brazo para el tradicional apretón de manos, pero Tenzing estaba tan emocionado que ignoró el gesto y atrajo a su compañero hacía él para abrazarlo con fuerza.

Edmund era un explorador de Nueva Zelanda que gozó de una infancia sumamente privilegiada, pero Tenzing empezó su vida con las manos vacías. Nació en las montañas y luego, cuando fue un poco más grande, lo vendieron como esclavo. Nunca aprendió a leer, ni siquiera sabía cuándo era su cumpleaños.

Tenzing fue forzado a trabajar para una familia rica, pero huyó y llegó a la India. Ahí se enamoró y se casó.

A los diecinueve años lo eligieron para ayudar en una primera expedición al Éverest. Lo hizo tan bien, que cada vez que un nuevo grupo de algún país llegaba con la idea de tratar de alcanzar la cima, le pedían su ayuda. Tenzing conocía las montañas mejor que los extranjeros, podía cargar más peso que cualquiera y estaba mucho más acostumbrado a usar las cuerdas, las cintas y las tiendas de campaña.

El guía ayudó en muchas expediciones antes de intentar la escalada con Edmund. Cuando llegaron juntos a la cima del Éverest, se convirtieron instantáneamente en celebridades. Gracias a eso Tenzing pudo comprar una casa para su familia, abrir su propia empresa de experiencias de aventura y enviar a sus hijos a estudiar en universidades en Estados Unidos, donde recibirían el tipo de educación que él nunca tuvo.

Como no sabía cuándo era su cumpleaños, decidió regalarse una fecha y eligió el 29 de mayo: el día que llegó a la cima de la montaña más alta del mundo.

THOMAS EDISON

(1847–1931)

A los doce años, Thomas trabajaba en uno de los trenes de la red ferroviaria Grand Trunk, vendiendo dulces y revistas a los empleados y a los pasajeros. El chico también ofrecía un periódico que él editaba e imprimía. Un día, un niño estaba jugando en las vías y Thomas vio el tren acercarse a toda velocidad. Por instinto se lanzó y logró salvarlo. El padre del niño estaba tan agradecido que le enseñó a Thomas a usar el telégrafo.

El telégrafo era un aparato que servía para enviar mensajes a larga distancia. Para usarlo era necesario dar dos tipos distintos de golpecitos que imitaban guiones cortos y puntos. Los mensajes eran enviados a lugares lejanos a través de los cables.

Thomas aprendió tan rápido que consiguió un empleo como telegrafista y quedó a cargo de enviar y recibir mensajes. Luego inventó una manera de que los mensajes se movieran con más velocidad.

Pero no paró ahí.

En cuanto tuvo suficiente dinero, abrió un laboratorio inmenso para trabajar en más experimentos. Inventó muchas cosas nuevas: la máquina de tatuajes, la bombilla eléctrica, la cámara de video, el micrófono, la grabadora de música y cientos de otros artículos que seguimos usando hasta ahora.

A veces sus experimentos y sus inventos fallaban, pero a Thomas nunca le pareció que eso fuera una experiencia negativa.

"No he fracasado —decía—, ¡sólo encontré 10 000 maneras distintas de que no funcionara!"

En honor al telégrafo, Thomas apodó a sus hijos Dot y Dash (Punto y Guión). Y para proponerle matrimonio a su esposa, tomó la palma de su mano y dio varios golpecitos para preguntarle en clave Morse si quería casarse con él. Ella, también en clave, le contestó afirmativamente.

TREVOR NOAH

(NACIDO EN 1984)

Trevor dice que su nacimiento fue producto de un crimen porque su padre es blanco y su madre negra, y porque viene de Sudáfrica, en donde la mezcla de estas razas era ilegal.

Cuando la policía sorprendía a su mamá en el edificio donde vivía su padre, la metían a la cárcel. Si salían juntos, ella no tenía permitido tomar a su papá de la mano y, de hecho, tenían prohibido caminar del mismo lado de la calle.

A Trevor lo criaron su mamá y su abuela, hasta que su mamá se casó con un hombre violento que le causaba terror y que en una ocasión le disparó a ella en la cabeza. La mamá de Trevor sobrevivió y siguió esforzándose por cuidarlo lo mejor posible.

En la escuela la situación también era difícil porque Trevor sentía que no encajaba ni con los niños blancos ni con los negros. Como también sufría de acné, tenía dolorosos puntos blancos y se veía obligado a tomar medicamentos para controlarlos. Desafortunadamente, los medicamentos tenían efectos colaterales que lo hacían sentirse fatigado e infeliz.

La familia de Trevor era tan pobre que tenían que comer gusanos y para echar a andar su auto sin gastar gasolina, lo empujaban por la colina. Para ganar dinero, Trevor trabajaba como DJ en las calles con sus amigos.

Cuando creció, decidió aprovechar todo lo que había vivido. Quería usar su experiencia y aplicarla para hacer comedia porque hasta cuando hablaba de los momentos más difíciles de su vida encontraba el lado divertido. Trevor llevó su comedia a todo Sudáfrica y compartió su dolor y su alegría con desconocidos.

Después se mudó a Estados Unidos.

Ahora es presentador del programa de noticias en comedia más importante del país y es famoso por sus rutinas de *stand-up comedy*. Trevor dice que todo se lo debe a la determinación de su madre para sacarlo de la pobreza.

"En mi mundo —explica—, la mujer era lo más poderoso que existía, y sigue siendo así."

UYAQUQ

(APROXIMADAMENTE 1860-1924)

Uyaquq pertenecía a una tribu inuit llamada Yup'ik. Los Yup'ik deambulaban por Alaska. Vivían juntos en casas subterráneas construidas con hierba y piel de morsa, usaban ropa fabricada con entrañas de animales y viajaban en trineos tirados por perros.

Originalmente los Yup'ik tenían su propia religión, la cual se basaba en espíritus, monstruos, semihumanos y animales legendarios, pero luego llegó la gente de Alemania a proclamar la palabra de Jesús y la Biblia.

Uyaquq se convirtió al cristianismo con su padre y empezó a avanzar en los puestos de la iglesia hasta que llegó a ser el líder de la Iglesia de Alaska. El hombre inuit trató de difundir sus creencias en todo el valle, y gracias a su encanto a veces logró convencer a pueblos enteros de convertirse a su religión.

A Uyaquq le asombraba que los cristianos anglófonos recitaran pasajes completos de la Biblia y que cada vez que lo hacían usaran exactamente las mismas palabras. Los Yup'ik no tenían un sistema de escritura, así que todo lo que sabían respecto al cristianismo lo habían aprendido porque alguien más se los dijo o porque lo compartían cuando hablaban.

Una noche, Uyaquq tuvo un sueño que lo inspiró a crear su propio lenguaje escrito.

Un sacerdote alemán descubrió lo que estaba haciendo Uyaquq y quedó tan admirado que lo llevó a una iglesia para que continuara su labor.

Uyaquq trabajó cinco años con ese lenguaje y evolucionó rápidamente en sus cinco etapas. Se le llegó a conocer como Yugtun o Yup'ik de Alaska. Con su labor, el inuit le había dado a su pueblo un lenguaje propio y original para compartir y registrar sus historias.

Los científicos han estudiado la escritura de Uyaquq desde entonces porque él solo, sin ayuda, logró diseñar un lenguaje escrito completo a partir de nada, cuando a las civilizaciones normalmente este tipo de procesos les llegan a tomar miles de años.

VEDRAN SMAILOVIĆ

(NACIDO EN 1956)

La guerra alrededor de Sarajevo estaba destruyendo a la ciudad por completo. Durante 1425 días, los tanques se desplazaron por las calles, hubo disparos y las bombas estallaron. El sitio de la ciudad llegó a ser el más prolongado en la historia de la guerra moderna.

Una tarde, Vedran escuchó una explosión y miró por la ventana. Una bomba acababa de estallar y había matado a veintidós personas que estaban formadas para comprar pan.

Vedran se desplomó.

Se sentía demasiado enojado, triste e impotente. Su vida, su país y sus amigos estaban siendo destruidos, ¿y qué podía hacer él al respecto? No era soldado, así que no podía pelear. Como no era político, tampoco podía negociar. Era músico. ¿Cómo podría ayudar?

Vedran se puso su traje más elegante, tomó su violonchelo y se dirigió a las calles llenas de humo de su ciudad. Colocó un banquillo en el agujero que había dejado la bomba y empezó a tocar.

Un periodista se acercó a entrevistarlo.

"¿Estás loco?", le preguntó.

"¿Toco el violonchelo y usted me pregunta si estoy loco?" —Contestó Vedran–. "¿Por qué no mejor les pregunta si están locos a quienes están destruyendo Sarajevo?"

Vedran tocó veintidós días consecutivos en el mismo lugar: uno por cada persona que murió. Siguió tocando mientras los edificios ardían, mientras las bombas caían y los proyectiles pasaban volando junto a él. Tocó por la paz. Tocó por la humanidad. Y tocó para demostrar que si recordamos dónde debemos mirar, incluso en los momentos más sombríos y aterradores pueden surgir la esperanza y la belleza.

VINCENT VAN GOGH

(1853–1890)

Cuando Vincent era niño, no tenía confianza en él y no sabía lo que quería ser en la vida. Intentó varias cosas: ser predicador, trabajar en una librería y viajar como vendedor, pero nada funcionó.

Luego decidió que sería pintor.

Fue a París y conoció a los famosos artistas de aquel tiempo: Gauguin y Monet. Trató de copiar sus estilos, pero no pudo, así que mejor inventó su propia manera de pintar.

En aquel entonces Vincent tenía problemas con sus sentimientos. No podía dormir y casi no comía. El mundo a su alrededor lo confundía y lo irritaba con frecuencia. Una noche persiguió a su amigo con una navaja y terminó cortando su propia oreja. Su hermano, que estaba preocupado, lo envió al hospital para que tratara de recuperarse.

Vincent pintó la tristeza y la locura que sentía en su interior, así como la belleza y la inspiración que encontraba en su entorno. Pintó girasoles dorados y el arremolinado cielo nocturno. Se pintó confundido, como si tuviera frío.

Sus pinturas eran dramáticas, hermosas y emotivas. También eran completamente originales. Vincent tenía una manera de pintar novedosa que descubrió al buscar en su interior, en lugar de mirar a otros.

En vida, Vincent vendió solamente una pintura y a un precio muy bajo. Ahora es considerado uno de los mejores y más originales pintores de la historia. Hoy en día, para comprar una de sus pinturas tendrías que pagar lo mismo que por una isla entera.

WILLIAM KAMKWAMBA

(NACIDO EN 1987)

William nació en una pequeña aldea de Malawi donde las casas están construidas con bloques de lodo, tienen techos de paja y están rodeadas de pastura alta y dorada.

Para que William pudiera ir a la escuela, sus padres tenían que pagar ochenta dólares al año. Eran granjeros como mucha gente de Malawi. Comían la mayor parte de lo que cultivaban y lo que les quedaba lo vendían para tener un poco de dinero. En una ocasión hubo una hambruna y los Kamkwamba no ganaron lo suficiente. William no pudo estudiar ese año.

A pesar de que no tenía maestro, decidió aprender solo. Fue a la biblioteca más cercana y empezó a leer.

Lo que más le interesaba era la electrónica. Gracias a los libros aprendió a reparar radios y abrió su propio taller de reparación para atender a la gente de su aldea.

Luego encontró un libro llamado *Using Energy* (*Cómo usar la energía*) que hablaba sobre la manera en que las turbinas

pueden aprovechar la fuerza del viento para generar electricidad. William usó árboles, un viejo ventilador y una bicicleta rota para construir su propia turbina de viento y así proveyó de energía eléctrica para su casa.

Toda la gente que lo vio quedó anonadada. Cuando los periodistas se enteraron, la historia de William se transformó en noticia y se propagó por todo el mundo. Lo invitaron a dar conferencias y a viajar al extranjero. Distintas personas se ofrecieron a pagar para que retomara sus estudios y también le dieron dinero para que trabajara en otros proyectos en su pueblo. Después del primer molino, fabricó más turbinas, sistemas de energía solar y de agua potable, y un uniforme para el equipo de su aldea.

WILLIAM MOULTON MARSTON

(1893–1947)

Los cómics y los superhéroes que en ellos habitaban se volvieron verdaderamente populares en la década de los cuarenta. Había cientos: Batman, Superman, Flash y Linterna Verde.

Pero no había chicas.

Era ilógico.

Porque las chicas también leían cómics pero nunca se encontraban en ellos. Al menos, no como superheroínas. Parecía que lo único para lo que servían las mujeres en los cómics era para ser secuestradas y para que luego las rescataran los hombres.

Una noche, William Moulton Marston le estaba explicando a Elizabeth, su esposa, la idea que tenía para crear un nuevo tipo de superhéroe. El nuevo superhéroe no dependería de un arma ni de su capacidad para luchar, sino de su inteligencia y su bondad.

"Muy bien —dijo su esposa—, entonces tendrá que ser mujer."

Y así nació la Mujer Maravilla.

William era un profesor de psicología de Harvard al que con mucha frecuencia despedían de su trabajo porque defendía a las mujeres. Durante sus estudios se interesó cada vez más en sus derechos y basó el personaje de la Mujer Maravilla en las primeras feministas y sufragistas: mujeres fuertes y poderosas, capaces de rescatarse sin ayuda.

En los cómics, la Mujer Maravilla viene de un mundo perdido llamado Isla Paraíso, en donde las mujeres viven tranquilamente sin hombres. Pero un día, un hombre hace un aterrizaje de emergencia en la isla y la Mujer Maravilla tiene que llevarlo de vuelta a su hogar. Cuando va al mundo de él, se ve envuelta en una serie de aventuras que la obligan a vencer a dioses malvados y otros villanos.

La Mujer Maravilla tiene una fuerza sobrehumana, brazaletes que desvían las balas y un lazo con el que puede obligar a cualquier persona a decir la verdad.

El personaje tuvo mucho éxito entre los chicos y las chicas, y desde entonces no han dejado de publicarse sus historias.

BEN BROOKS

Nació en 1992 y vive en Berlín. Es autor de varios libros, entre ellos, *Grow Up* y *Lolito*, ganador del Premio Somerset Maugham 2015.

QUINTON WINTER

Es un ilustrador, artista y colorista británico. Ha trabajado para muchos clientes, entre los que se encuentran el periódico *The Guardian*, Walker Books, "Gogglebox", 2000AD, Vertigo Comics, Mojo y la BBC.